i

Vorwort

Meine Frau Bernadette (Beni) hat auf allen unseren Reisen ein Tagebuch geführt. Darin sind in kurzen Sätzen die wichtigsten Stationen und
Ereignisse festgehalten. Ausser mir hat bisher niemand darin etwas lesen können, und das finde ich schade. Ihre Notizen waren die Basis für
meinen letzten Reisebericht, und auch diesmal haben sie mir geholfen,
die Erinnerung an viele Ereignisse wachzurufen. Diesmal habe ich unsere Erlebnisse noch etwas ausführlicher beschrieben und hoffe, so einige Leser auf die Reise mitnehmen zu können.

In meiner Schulzeit wäre es mir nicht mal im Traum eingefallen, einfach
so, ohne Geheiss etwas zu schreiben. Mit Deutsch stand ich permanent
auf Kriegsfuss, und meine Lehrer mussten nach der Korrektur meiner
Diktate oder Aufsätze stets einen neuen Rotstift hervorholen. Heute
gibt es Computer mit schlauen Programmen, die einem recht gut unterstützen und zum Beispiel verlorene Buchstaben einbauen. Auch
muss man nicht mehr mit der Hand schreiben, und so kann es sogar
Spass machen, Geschichten niederzuschreiben. Mit der Interpunktion
ist das aber immer noch so eine Sache. Die Programme können das
nicht viel besser als ich damals und heute.

Mein letzter Reisebericht über Botswana wurde auf unserer Homepage über fünfhundert Mal aufgerufen. Dabei wurden, wie die Statistik
zeigt, oft mehr als zehn Seiten angeschaut, und es gab viele wiederkeh-
rende Besucher. Keine Angst, ich kann nicht herausfinden, wer zu Besuch war und um welche Tages- oder Nachtzeit. Ich kann auch nicht
sehen, wer vorm Bildschirm sitzt, und hören, was gesprochen wird. Ich
vermute aber, die Besucher haben sich Zeit genommen und darin gelesen. Ab und zu haben meine Frau und ich Mails erhalten, in denen
die Bilder und der Bericht gelobt wurden.

Jürg Roos

Reise durch Botswana

Inhaltsverzeichnis

Weitere Bilder der Reise auf unserer Homepage www.beniroos.ch

1. Nach der Reise ist vor der Reise

Wir werden immer mal wieder gefragt: «Ihr wart doch schon mal da, warum reist ihr nochmals in die gleiche Gegend?»

Für uns ist das so wie mit Wanderungen in den Bergen. Auf so einer Tour spielen viele Aspekte eine grosse Rolle: die Jahreszeit, das Wetter, die Route, die Anstrengung und schliesslich die Leute, die man trifft. So hat jede Tour ihren eigenen Charakter und bringt neue Erlebnisse, auch wenn wir schon oft am selben Ort unterwegs waren.

Gäbe es nicht die Aussicht auf etwas Abenteuer, spannende Erlebnisse und neue Bekanntschaften mit Gleichgesinnten wie mit Einheimischen, bliebe so eine Reise nur ein Einzelereignis.

Auf unseren Reisen in Australien und Namibia haben wir Erfahrungen mit Allradfahrzeugen gesammelt. Ob Tracks durch menschenleere Gegenden mit tiefem Sand, Geröll, spitzen Steinen oder auch Wasserdurchfahrten: Bisher sind wir immer ohne Schäden am Ziel angekommen. Seit der Pensionierung haben wir mehr Zeit, solche Abenteuerreisen anzugehen. Leider ist dies aber auch der kürzeste Lebensabschnitt, und man kann nicht davon ausgehen, dass man bis zum Lebensende fit genug ist, um allen Herausforderungen gewachsen zu sein, die auf einer Abenteuerreise auf einen zukommen können. So bekommt der schon immer gut gemeinte Spruch «Was du heute kannst besorgen, verschiebe nicht auf Morgen!», einen andern, nicht auf Arbeit bezogenen, tieferen Sinn.

Im letzten Jahr in Botswana hatten wir ein zweites Fahrzeug mit Freunden als Backup zur Verfügung. Eine gute Sache, die etwas mehr Sicherheit gibt, sollte man mal im Sand oder Wasser stecken bleiben. Diese Reise hat uns aber auch gezeigt, dass wir im Okavangodelta ohne zweites Fahrzeug über die Runden kommen können, und so sind wir diesmal alleine unterwegs.

1

2. Die Vorbereitung

Schon während ich den Reisebericht zu Botswana 2016 schreibe, kommt mir der Gedanke, vielleicht doch noch mal ins Okavangodelta zu fahren. Beni weihe ich vorerst nicht ein, ich will nichts überstürzen und mir keine Absage holen. Wenn ich es tatsächlich schaffen will, sie zu überzeugen, muss das Thema langsam wachsen. Zuerst den Reisebricht fertigstellen, zurück in Engelberg den Film schneiden und vertonen und dann mal rantasten. Als alles fertig ist und nachdem wir uns das Video angeschaut haben, mache ich eine erste Bemerkung. «Wäre es nicht schön, nochmals so eine Safari zu machen?» Zu meinem Erstaunen kommt die Antwort: «Warum nicht, mach doch mal einen Vorschlag.»

Noch am selben Abend beginne ich Pläne zu schmieden, die dann auch sehr bald konkret werden. Die Zeit von Mitte Dezember bis zur Abreise Anfang September ist für die Vorbereitung eigentlich schon zu knapp. Die Campingplätze im Okavangodelta sind schnell ausgebucht und sollten daher mindestens ein Jahr vorher reserviert werden. Doch schon nach ein paar Tagen steht die erste Route, und an Bushlore, unseren Fahrzeugvermieter in Johannesburg, ist eine Anfrage verschickt.

Parallel dazu frage ich auch noch verschiedene Autovermieter in Maun, Botswana an. Damit würden wir uns die lange Anfahrt von Johannesburg sparen (rund 1200 km ein Weg). Die Angebote, die ich erhalte, sind alle um mindestens 30 Prozent teurer, und besonders schockiert mich der Zusatz: «Ab 65 Jahren müssen wir einen Zuschlag von 15 Prozent berechnen». Für mich ist das irgendwie unverständlich. Wir haben in den letzten Jahren immer wieder anderen Fahrern geholfen, die im Sand stecken geblieben oder sonst mit einer Panne liegen geblieben sind. Meist waren es Fahrfehler aus mangelnder Erfahrung, die zu den Problemen geführt haben. In keinem Fall traf es vermeintliche alte Knacker, sondern meist junge, dynamische Typen, die mit schlecht ausgerüsteten Fahrzeugen und ohne richtige Vorbereitung unterwegs waren.

Das Angebot von Bushlore ist schnell da, und der Preis entspricht dem im letzten Jahr. Die Zusicherung, uns bei der Suche nach geeigneten Campingplätzen zu helfen, überzeugt mich dann schnell. Zeit spielt für uns keine grosse Rolle, und wir werden die Anfahrt nach Maun mit verschiedenen Zwischenstopps abwechslungsreich gestalten können, ebenso die Rückreise.

Nach rund vier Wochen stehen fast alle Stationen fest. Der Toyota Hilux mit der Schlafkoje im Blechaufbau, den wir letztes Jahr gemietet haben, hat uns in Sachen Komfort und Platzangebot nicht überzeugt. Zudem fehlte am Fahrzeug ein Schnorchel, der verhindert, dass bei tiefen Durchfahrten Wasser in den Motor angesaugt werden kann, und es war auch nicht möglich, eine Winde zu montieren. Wir werden diesmal rund 14 Tage früher unterwegs sein als letztes Jahr und haben inzwischen erfahren, dass der Monsun in Angola sehr spät, aber heftig gekommen sei. Das heisst, dass im Delta möglicherweise mehr Wasser sein wird als üblich. Wir entscheiden uns deshalb für einen Toyota Land Cruiser ohne Blechaufbau, dafür mit Dachzelt. Das Fahrzeug ist stärker, robuster, mit grösserer Bodenfreiheit und verfügt über eine Winde, mit der wir uns gegebenenfalls selber aus dem Elend ziehen können. Als letzte Sicherung nehmen wir natürlich auch diesmal wieder das Satellitentelefon mit.

3. Es geht los

Heute, Montag, der 4. September, ist ein regnerischer Tag, und ich habe Zeit, noch ein paar wichtige Dinge zu erledigen. Beni bringt die Wohnung in Schuss, und dann prüfen wir nochmals, ob alles eingepackt ist, was wir auf der Safari unbedingt dabeihaben müssen. Wir stellen fest, dass die Reiseapotheke grösser geworden ist. Die Tabletten scheinen sich zu vermehren wie die Falten im Gesicht. Neben den inzwischen «normalen» Medikamenten kommen als Notfallmedizin Antibiotika, etwas gegen Durchfall und natürlich die Malariatabletten in die Box. Wie ich gelesen habe, ist die Krankheit im nördlichen Teil Botswanas in letzter Zeit vermehrt aufgetreten. Da wir unsere Reise nicht früher als geplant abbrechen möchten und wir die Tabletten auf unseren letzten Reisen in den Tropen gut vertragen haben, werden wir auch diesmal in den kritischen Landesgegenden jeden Tag eine Pille schlucken.

Für den Flug machen wir von einem Sonderangebot der Swiss Gebrauch und gönnen uns, das erste Mal im Leben, den Luxus der Businessklasse. Deshalb plagen uns diesmal keine Gepäcksorgen. Wir könnten pro Person 64 Kilo Fluggepäck und 16 Kilo Handgepäck mitnehmen. Wer braucht denn so was? Selbst mit allem, was wir an Ausrüstung inklusive Kochutensilien mitnehmen, kommen wir nur knapp über das Limit in der Touristenklasse. Beni findet das so verrückt, dass sie angedroht hat, in Afrika eine zwei Meter grosse Holzgiraffe und dazu vielleicht noch einen Elefanten in ähnlichem Umfang zu kaufen.
Bisher war ein Flug immer nur Mittel zum Zweck und musste einfach irgendwie überstanden werden. Da wir diesmal nicht eingezwängt in der Holzklasse unterwegs sind, versprechen wir uns schon von der Anreise nach Johannesburg ein besonderes Ereignis.

Der Flug geht erst um 22:40 Uhr, aber man weiss ja, dass am Abend um Zürich immer Stau ist. Wir laden deshalb schon um 17 Uhr unser Gepäck ins Auto und fahren los. Entgegen unseren Befürchtungen gibt es diesmal keinen Alpabzug und auch keinen Stau, und nach knapp zwei Stunden sind wir beim Sprenger Autobahnhof am Flughafen.

Den ersten Eindruck einer besonderen Behandlung erhalten wir schon beim Einchecken. Die Gepäckabfertigung geht ganz schnell, kein Anstehen, keine Angst vor Übergepäck. Um halb acht sitzen wir bereits ausgestattet mit Pasta und einem Glas gutem Rotwein in der Businesslounge im Terminal E. Bis zum Abflug dauert es noch ein Weilchen, und wir müssen aufpassen, dass wir nicht schon übersatt und weinselig in den Flieger steigen. Es wäre doch schade, wenn wir den Champagner und das Gourmetmenu, das laut der Beschreibung auf uns wartet, auslassen müssten.

Um 22:10 Uhr verkündet die Ansage, dass unser Flugzeug, ein A340-300, zum Einsteigen bereit ist. Wir machen uns auf den Weg. Beim Einsteigen begrüsst uns die Flugbegleiterin: «Guten Abend, Frau Roos, guten Abend, Herr Roos», und bringt uns zu unseren Plätzen. Kurz darauf sitzen wir in den breiten und sehr komfortablen Sesseln.

Mir scheint, in den Unterlagen der Flugbegleiter steht, dass wir zum ersten Mal in dieser Klasse fliegen, und irgendwie habe ich das Gefühl, dass auch alle anderen Passagiere das Wissen, sie scheinen uns zu beobachten und sich über unser ungeschicktes Verhalten zu amüsieren. Die Flugbegleiter sind sehr, fast zu sehr, um uns bemüht. Ein fragender Blick von uns auf irgendeinen Schalter reicht, und schon kommt die nette Dame angerannt und trällert: «Kann ich ihnen helfen?». Noch vor dem Start wird auch schon ein Glas Champagner serviert, gleich darauf bekommen wir die Speisekarte. Wirklich schön, unter anderem steht Filet Rossini zur Auswahl, das will ich mir dann auch bestellen. Bin gespannt, ob ich auch noch gefragt werde, wie ich es möchte.

Pünktlich rollen wir zur Startbahn, und bald schon geht's Richtung Himmel. Das Kabinenlicht wird etwas gedimmt, und ich fühle mich nicht mehr so unter Beobachtung. Ganz heimlich probiere ich die verschiedenen Knöpfe und Schalter. Gleich der erste Versuch bringt mich in

Verlegenheit, die Fussstütze geht hoch, und die Rücklehne zieht sich zurück. Solange das Anschnallzeichen leuchtet, ist eigentlich eine aufrechte Sitzposition angesagt. Ich drücke schnell einen anderen Knopf in der Hoffnung, dass alles wieder gut wird, bevor ich flachliege. Glücklicherweise kann ich damit ein weiteres Absinken verhindern, aber gleichzeitig beginnt nun eine Rückenmassage. Nach ein paar Versuchen gelingt es mir tatsächlich, wieder alles ins Lot zu bringen. Als die grosse Beleuchtung in der Kabine wieder angeht, sitze ich völlig entspannt und unschuldig, mit etwas gerötetem Kopf, aufrecht im Sitz. Mister Bean lässt grüssen.

Kaum ist das Licht an, kommt die nette Flight Attendant: «Welches Menu darf es denn sein?»
Sie steht nicht neben dem Sitz wie in der Touristenklasse, nein, sie geht neben mir in die Knie, um auf Augenhöhe zu kommunizieren. Ich bilde mir da nichts drauf ein, wahrscheinlich steht in den Unterlagen, wie alt ich bin und dass ich nicht mehr so gut höre.

Als Vorspeise bestellen wir uns ein Fischtatar und zum Hauptgang nehme ich das Filet mit Nockerl und Ratatouille. Die Frage: «Wie möchten sie es?», kommt leider nicht.
Das Filet wird demnach nicht auf dem Grill frisch zubereitet, da gibt es also doch noch etwas Luft nach oben. Beni entscheidet sich für die Entenbrust mit Älplermakkaronen. Dazu bestellen wir ein Glas Zweigelt. Aufgrund der vorgerückten Stunde verzichten wir auf das Dessert. Kurz und gut, das Essen war wirklich ausgezeichnet, das Filet Medium gebraten, und beim Wein liessen wir es auch nicht bei dem einem Glas bewenden. Mit vollgeschlagenen Bäuchen fahren wir in die Liegestellung und schlafen auch sofort ein.

Nach dem Frühstück, pünktlich um 9 Uhr, landen wir ausgeruht in Johannesburg. Nach dem Zoll wartet ein Mitarbeiter von Bushlore mit einem grossen Namensschild, und bringt uns zur Fahrzeugübernahme zum Hauptsitz nach Gauteng, einem Stadtteil von Johannesburg.

Wie üblich folgt die Einweisung für das Fahrzeug und das Dachzelt. Das Gefährt ist fast neu, und hat gerade mal 7'500 km auf dem Tacho. Wie es technisch funktioniert wissen wir von früher, so können wir uns schnell den Sachen zuwenden, die neu sind. Der Mitarbeiter, der uns alles erklärt und vorführt ist ziemlich gross, und wie es scheint, geht das Aufstellen und Zusammenfalten des Dachzelts sehr schnell und einfach. Wir schöpfen leider keinen Verdacht, dass es für unsere Grössen vielleicht ein paar Schwierigkeiten geben könnte.

Der Tank fasst 130 Liter Diesel, und da wir diesmal fast zwei Wochen im Delta unterwegs sind und es da keine Tankstellen gibt, relativiert sich der «grosse» Tank. Ich verlange deshalb zusätzlich vier Kanister zu je 20 Liter. Diese werden herbeigeschafft und mit den entsprechenden Halterungen auf dem Dach befestigt. Dabei fällt mir zum ersten Mal auf, wie hoch das Fahrzeug ist. Ich sage noch: «Ganz schön schwer die vollen Kanister da hinauf zu wuchten». Der Mitarbeiter lacht und beruhigt mich: «Kein Problem, die Dinger werden an der Tankstelle direkt vom Personal auf dem Dach befüllt.» Alles klar, das ist also nicht unsere Sorge. Dass die Kanister auch irgendwie wieder runter müssen, wenn sie gebraucht werden, fällt mir leider nicht ein.

Am frühen Nachmittag ist dann auch der übliche Papierkram erledigt und wir können losfahren. Diesmal verlassen wir nicht sofort die Stadt, wir gehen das wichtigste einkaufen und checken danach im Hotel Mercure ein, das direkt neben Bushlore liegt. Morgen wollen wir dann gemütlich nach Thabazimbi zur Marula Lodge fahren.

4. Thabazimbi, Marula Cottage

Kurz nach acht fädeln wir uns in den Johannesburger Stadtverkehr ein. Es ist Rushhour und wir sind auf einer Quartierstrasse, ein paar Kilometer von der Autobahn weg. Bei der ersten Stoppstrasse machen wir schon mal als Verkehrshindernis auf uns aufmerksam. Auf allen vier Einfahrten der Kreuzung stehen Stoppzeichen und jeder hält pflichtbewusst an, nur, wer fährt nun zuerst? Nachdem ein paar Sekunden alle stehen bleiben, macht mich ein Hupkonzert darauf aufmerksam, dass ich daran schuld bin, wenn jemand zu spät zur Arbeit kommt. Ich merke mir die erste Regel: «Man fährt bei vier Stoppstrassen in der Reihenfolge, wie man an der Kreuzung angehalten hat. Wer zuerst anhält, fährt zuerst!» Auf der zweiten Kreuzung mit Lichtsignal, das nicht in Betrieb ist, macht man mich wieder lautstark darauf aufmerksam zu fahren. Ich lerne, dass die Regel der Stoppstrassen auch hier anzuwenden ist. Ab diesem Moment habe ich eigentlich alles im Griff, und dass ich schön links fahre, dafür sorgt Beni indem sie immer wieder energisch sagt: «Bleib links!»

Nach gut einer Stunde Fahrt ändert langsam die Landschaft. Häuser werden weniger, offene Felder, Bauernhöfe und Plantagen prägen nun die Landschaft. Unser Land Cruiser hat zwar einen stärkeren Motor als der Hilux vom letzten Jahr, aber er fährt sich wie ein LKW. Ich bin ständig am Schalten und sobald es etwas bergauf geht, könnten uns sogar Radfahrer überholen. Das ist vielleicht etwas übertrieben, aber Lastwagen setzen manchmal zum Überholen an und schaffen es sogar. Nun denn, wir haben ja viel Zeit. Die anstehenden 180 km sind auch so in drei bis vier Stunden locker zu schaffen.

Gegen Mittag sind wir in Thabazimbi, in der Provinz Limpopo. Es ist ein grösserer Ort und man sieht, dass es eine blühende Minenstadt war, die nun aber etwas

> Bei Thabazimbi wurde bis 2015 im Tagebau Eisenerz abgebaut. Mit der Schliessung gingen gegen 2'000 Stellen verloren. Nicht zu reden davon, dass das auch für die Gewerbetreibenden in der Gegend, grosse Einbussen brachte. Nur ein kleiner Rest der Mine wird noch gebraucht. Mit einer hochmodernen Anlage wird Chrom gewonnen.

von ihrem Glanz verloren hat. Die Eisenbahnschienen, die herumstehenden riesigen Steinbrecher und Dumper geben den Eindruck als ob alles noch in Betrieb wäre. Der grosse Berg hinter der Stadt ist stark terrassiert und erinnert an eine riesengrosse Schutthalde.

Kurz hinter der Stadt sehen wir die Abzweigung zur Marula Cottage. Wir folgen dem Buschweg für gut einen Kilometer und stehen dann vor einem grossen Tor. Auf einer Tafel steht: «Bitte Telefon 078 053 3493 anrufen».

Ich krame gerade das Handy hervor, da kommen drei Hunde, unterschiedlicher Bauart, mit wildem Gebell über die Terrasse des Hauses auf das Tor zu gerannt. Beni sieht nicht gerade glücklich aus, wenn möglich muss sie jetzt auch noch aussteigen und das Tor öffnen. Ich beruhige sie mit den Worten: «Es sind ja nur kleine Hunde und würden sie die Gäste anfallen, wäre die Lodge schon längst Konkurs.»
Beni meint dazu nur: «Kennst du die Rasse des mittelgrossen Hundes? Es ist ein Bull Terrier!»
«Klar habe ich das gesehen, aber der wackelt mit dem ganzen Hiterteil, so dass der Stummelschwanz fast abfällt. So ein Hund kann nicht gefährlich sein.»

Glücklicherweise brauchen wir die Diskussion nicht weiter zu führen. Auch ohne Anruf erscheint eine junge Frau auf der Terrasse und das Tor öffnet sich elektrisch. Sie winkt fröhlich und bedeutet uns den Weg hoch, hinter das Haus zu fahren. Wir haben also noch eine Gnadenfrist, bis wir aussteigen müssen und womöglich aufgefressen werden. Beim Hochfahren bemühe ich mich trotzdem keinen der Hunde zu überfahren, die ständig laut bellend um das Fahrzeug rennen.

Nun stehen wir hinter dem Haus auf dem Parkplatz, die Hunde rennen erwartungsvoll ums Auto und bellen weiter wie verrückt. Nach meinen beruhigenden Worten von vorhin zu Beni, kann ich wohl nicht anders, und ich muss zuerst aus der sichern Kabine. Ich fasse mir ein Herz und steige aus. Sofort springen mich die Hunde an und lecken alles ab was

nackte Haut ist. Der Bull Terrier liebt meine Waden. Er leckt sie glücklicherweise auch nur und nagt nicht daran. Meine Beine sind schon
blitzsauber als die Vermieterin aus dem Haus kommt und uns herzlich
begrüsst.

Sie versichert uns sogleich, dass die Hunde sich riesig freuen, wenn Besuch kommt. Beni ist inzwischen auch aus der Kabine geklettert und
wird von der Besitzerin und ihren Hunden auch herzlichst begrüsst. Die
nette Frau ist Monika, mit der ich über Mail korrespondiert hatte. Sie
stellt uns Dave, ihren Lebenspartner vor, der inzwischen auch dazu gekommen ist. Danach gehen wir für einen Willkommensdrink auf die
Terrasse. Monika aus dem Allgäu, und Dave aus Südafrika, haben zusammen die kleine Lodge gekauft. Sie sind sehr liebenswürdige Gast-
geber und man hat sofort das Gefühl, hier zuhause zu sein. Dave spricht
nur englisch, aber er will Deutsch lernen, so dass wir uns ab und zu in
Deutsch unterhalten dürfen.

Nach dem Drink geht es an die Arbeit. Wir wollen das Dachzelt aufbauen und unser Gepäck in sinnvolle Einheiten aufgeteilt im Fahrzeug
verstauen. Auf so einer Reise ist es wichtig, dass man nie viel Zeit mit
Suchen verbringen muss. So um 18 Uhr wird es finster und wenn man
dann ständig ums Auto herumirrt, weil man etwas sucht, ist das nicht
nur ärgerlich, sondern kann auch gefährlich sein. Neben grossen Tieren

gibt es auch kleine, wie Skorpione und Schlangen, die man nicht so einfach sieht und die doch unheimlich Wirkung zeigen können. Nachdem die grosse Schublade im Fahrzeug mit Kleidern und Vorräten beladen ist, machen wir uns daran, das Zelt aufzustellen.

Wir stellen schnell fest, dass uns das wohl nicht so leichtfallen wird, wie dem baumlangen Mitarbeiter von Bushlore. Ich bin fast gleich schwer wie er, aber das leider nicht aufgrund der Grösse. Irgendwie fehlen mir 15 – 20 Zentimeter, um zu den Schlüsselstellen am Gepäckträger zu kommen. Klettern ist deshalb angesagt und hier wiederum kommen das Gewicht und die Beweglichkeit zum Tragen oder besser eben nicht zum Tragen.
Zuerst muss ich hinten über die Reserveräder hochsteigen um den Gurt für die Abdeckung zu öffnen. Danach klettern wir gleichzeitig, ich auf der einen und Beni auf der anderen Seite, über Rad und Stossstange hoch, um gemeinsam die Plane zurück zu schlagen. Da wir zu kurz sind, erfolgt das in zwei Etappen. Beim zweiten Mal ist ein Spagat zwischen Rad und offener Hintertür erforderlich. Bis das Zelt steht sind wir sicher je fünf Mal hoch und wieder runter gestiegen. Wenn das so weiter geht, sind wir nach den Ferien Weltmeister im Land Cruiser klettern.

Endlich steht das Zelt, und die Leiter zum Einsteigen ist gesichert. Nun werden die selbstaufblasenden Matratzen, die wir mitgebracht haben, unter die dünnen Schaumgummimatratzen geschoben, das Fixleintuch darüber gezogen, die Kissen und Schlafsäcke bereitgelegt.

Das Dachzelt scheint luftig und komfortabel, wirklich besser als die «Dachluke» vom letzten Jahr. Nur halt das Aufstellen ist einiges aufwändiger. Wir haben rund dreiviertel Stunden gebraucht, sind aber sicher, dass wir Mittel und Wege finden werden uns die Arbeit einfacher zu machen.

Nachdem wir alles begutachtet haben, bauen wir das Ganze wieder zurück. Auch hier kommen einige unserer Körpereigenschaften wieder etwas quer. Die im Zelt verbliebenen Matratzen, Schlafsäcke und Kissen sind beim Zusammenklappen fast nicht unterzukriegen und stemmen sich vehement gegen den Klappmechanismus. Anstatt schön flach, sieht unser Gepäckträger aus wie eine Pizza Calzone. Mit vereinten Kräften gelingt es uns trotzdem irgendwie die Abdeckplane darüber zu ziehen.

Am späteren Nachmittag kommen drei weitere Gäste in die Lodge. Eine Krankenschwester aus Deutschland, die hier ein paar Tage Urlaub macht und zwei Ingenieure, einer auch aus Deutschland und der andere aus Südafrika, die beiden in der Mine in Thabazimbi als Berater tätig sind. An der Bar genehmigen wir uns alle einen Drink, plaudern und schauen Monika und Dave zu wie sie unser Abendessen zubereiten. Es gibt Kudu Filet, Erbsen mit Rüebli und Kartoffelstock.
Kurz darauf sitzen alle Gäste gemeinsam am grossen Tisch auf der Veranda und geniessen das wirklich ausgezeichnete Essen. Natürlich dabei, eine guten Flasche Rotwein aus Südafrika. Wir unterhalten uns sehr angeregt, leider zumeist in Deutsch, so dass sich der Südafrikaner bald nach dem Essen zurückzieht. Dafür setzt sich nun auch Monika zu uns und so wird nun ausschliesslich deutsch gesprochen.

Wir diskutieren über alles Mögliche, auch über die aktuellen Lebensumstände in der Region und in Südafrika. Was immer wieder aufscheint, ist der grosse Unterschied zwischen reich und arm. Es geht dabei nicht um die Ärmsten der Region, sondern um die arbeitende Bevölkerung und die Besitzer grosser Ländereien. Während die einen mit 2000 bis 4000 Rand im Monat (200 bis 400 Franken) eine Familie ernähren müssen, kaufen andere einen Helikopter um schneller bei der Jagd zu sein. Das Land hier ist hügelig und eignet sich nicht für die Landwirtschaft, weshalb es früher sehr grosszügig, flächenmässig und preislich, an weisse Einwanderer abgegeben wurde. Inzwischen sind fast alle Farmen der Gegend zu Jagdreservaten umfunktioniert worden und bringen ihren Besitzern sehr viel Geld. Viele Sprösslinge solcher Familien fahren teure Autos und zeigen allen, dass sie hier die Herren sind. Es ist vielleicht eine Minderheit, die so ist, aber mit der grossen Arbeitslosigkeit hier, ist auch zu verstehen, dass diese Ungerechtigkeiten die Kriminalität fördern.

Es ist ein sehr interessanter und gemütlicher Abend und wir stellen bald fest, dass eine Flasche Wein nicht reicht. Das Kudu Filet war eine Wucht und ich äussere den Wunsch, so ein Stück am Schluss unserer Reise nochmals vorgesetzt zu bekommen. Monika und Dave freuen sich, dass es uns so gut geschmeckt hat und versprechen es mir.

5. Khama Rhino Sanctuary, Serowe, Botswana

Beni hat sehr gut geschlafen, was ich von mir nicht sagen kann. Wir hatten ein Doppelbett und es war ziemlich warm. Wie meist in solchen Fällen, macht das Beni gar nichts aus und sie rutscht ständig zu mir rüber. Die zusätzliche Wärme fördert meinen Schlaf nicht und ich war die halbe Nacht damit beschäftigt, sie zurück zu schieben und mir Luft und Kühlung zu verschaffen. Das wird ja heiter werden, denn im Dachzelt warten viele noch wärmere Nächte auf uns. Ich nehme mir vor, wenn immer möglich das Fahrzeug so zu stellen, dass Beni leicht unten liegt.

Wir haben es nicht eilig und sind wie verabredet kurz nach acht beim Frühstück. Heute liegen rund 400 Kilometer Teerstrassen vor uns und das einzige Hindernis unterwegs ist der Grenzübergang bei Martinsdrift. Vom letzten Jahr wissen wir was auf uns wartet. Zuerst aus Südafrika abmelden, dann in Botswana das Visum eintragen lassen und den Strassenzoll bezahlen. Wenn da etwas Andrang herrschen sollte, kann es einige Zeit brauchen bis wir durch sind.

Bis zur Grenze, etwa 180 Kilometer, fährt Beni und ich kann die Kameras testen. Zu sehen gibt es unterwegs nicht viel, ein paar Farmen mit Buschland, die fast alle mit «Safaripark» angeschrieben sind, wobei es sich aber meist um Zucht- und Jagdfarmen handelt.
Dave ist kein begeisterter Jäger und besucht mit seinen Gästen deshalb oft den Marakele Nationalpark in dem auch die «big five» zuhause sind. Der Park soll wunderschön sein und ist ungefähr in einer Stunde vom Marula Cottage zu erreichen.

Nach rund drei Stunden sind wir an der Grenze und es verläuft so wie bekannt und ohne grosse Wartezeiten. Nun haben wir noch 220 Kilometer, meist schnurgerade Strasse, vor uns. Irgendwann werden wir von einem Hilux überholt und kurz darauf sehen wir eine Kreuzung. Da kommt auch schon die Tafel «80» und 100 Meter weiter «60». Ich sehe, wie der Hilux von einem Polizisten herausgewunken wird. Dann sehe ich die Kamera am rechten Strassenrand und denke mir: «Glück gehabt, ich bin sicher nicht zu schnell gewesen.» Der Hilux hält an, doch der Polizist scheint nicht zufrieden, er rennt winkend auf die Strasse und gebietet auch mir anzuhalten. Will er meinen Führerausweis sehen? Leider nicht, er fordert uns auf, mit ihm den Film anzuschauen, den er gemacht hat.

Wir sehen uns das Video gemeinsam an. Die Fahrzeuge sind ziemlich unscharf drauf, aber in grossen Zahlen davor die gemessenen Geschwindigkeiten. Es ist nicht klar zu erkennen, wann wir die Beschränkungstafeln passiert haben und natürlich auch nicht, ob wir davor oder dahinter sind.

Dem Fahrer vor mir erklärt der Polizist, dass er in der 80-iger Zone mit 122 Kilometer in der Stunde unterwegs gewesen sei. Bei mir behauptet er, dass ich 96 Kilometer in der Stunde gefahren. Wir protestieren beide und lassen uns das Video mehrmals vorführen. Unsere Fragen nach dem genauen Punkt der Messung, sind wir vor oder hinter der Tafel, lässt er nicht zu. Auch von einer Toleranz für die Messung hat er scheinbar noch nichts gehört. Er sagt dazu: «Klar doch, 10 Prozent rauf

oder runter, spielt keine Rolle.» Für ihn ist klar, wir müssen eine Busse bezahlen. Er schreibt die Zahlen auf einen Block, reisst je ein Schnitzel davon ab, und schickt uns zu seinem Kollegen beim Polizeiauto, der mit sehr ernster Miene auf uns wartet. Beim Hiluxfahrer steht die Zahl 122 drauf und bei mir 96. Bevor ich dahingehe, frage ich den Kameramann: «Was wird das kosten?» Worauf ich zur Antwort bekomme: «Ungefähr 400 Pula» (40 Franken). Ich gehe zum andern Polizisten, der gerade mit dem Hiluxfahrer angeregt und lautstark diskutiert. Der vermeintliche Verkehrssünder arbeitet in Botswana und kennt scheinbar die Sitten und Gebräuche hier. Er verlangt ein Zertifikat zu sehen, das die beiden berechtigt Geschwindigkeitskontrollen zu machen und dann will er auch noch den Zulassungsschein für die Kamera mit Laser sehen. Ich bin gespannt was das bringen soll? Zwei einheimische Polizisten werden sich wohl kaum von zwei Ausländern austricksen lassen.

Nach einiger Zeit wird es mir zu bunt, ich möchte die 400 Pula bezahlen und weiterfahren. Ich unterbreche ihre angeregte Unterhaltung und frage freundlich, ob ich schon mal bezahlen kann. Sie können dann ja nachher weiter diskutieren. Der Polizist lässt sich leider nicht drauf ein, aber der Hiluxfahrer hat ein Einsehen und will nun doch bezahlen. Er gibt sich als Deutscher zu erkennen und erklärt mir, dass das ein abgekartetes Spiel der Polizei in Botswana sei und er es ihnen nicht zu leichtmachen will. Schlussendlich ist er bereit die Busse von 960 Pula zu bezahlen, aber nur mittels Kreditkarte. Der Polizist akzeptiert die Karte und bringt ein Gerät aus dem Fahrzeug. Endlich, nach einer halben Stunde hat er Zeit für mich. Ich gebe ihm meinen Zettel und sage ihm, dass ich noch kein Botswanisches Geld habe und auch mit der Karte bezahlen will. Er will von mir auch 960 Pula, womit ich natürlich nicht einverstanden bin und frage deshalb: «Warum denn das? Ich bin ja nur 96 gefahren und nicht 122.»

Er schaut mich strafend an. «Sie sind aber in der 60-iger-Zone zu schnell gefahren.»

«Das stimmt nicht und steht auch nicht auf dem Zettel», sage ich.

«War es auch in der 80-iger Zone?»

«Klar doch, ihr Kollege hat mir auch einen Betrag von 400 Pula genannt und nicht 960»

«Ok, dann 400, aber in bar.»

«Ich habe aber keine Pula und wenn in bar, dann 400 ZAR.»

«OK»

Damit habe ich einen Rabatt von 10 Prozent erhalten, bin aber auch so nicht glücklich darüber. Ich gebe ihm das Geld und warte dann vergebens auf eine Quittung. Es ist klar, das Ganze ist wirklich nur da, um ihr Gehalt etwas aufzubessern.

Kurz nach Mittag sind wir in Serowe und kaufen beim hiesigen Supermarkt die wichtigsten Sachen ein. Butter, Käse, Fleisch und halt alles, was man so zum Überleben im Busch braucht. Danach fahren wir die letzten 20 Kilometer zum Khama Rhino Sanctuary. Da wir, trotz schönem Dachzelt, immer noch keine richtigen Camper geworden sind, verzichten wir darauf, es aufzubauen. Ich habe für die zwei Nächte im Sanctuary ein Chalet gemietet und heute Abend gönnen wir uns auch den Luxus, im Restaurant zu essen.

Nachdem wir den Schlüssel für unsere Unterkunft an der Rezeption abgeholt haben, gehen wir direkt auf die Pirsch. Leider haben wir mit Tieren kein Glück, ausser ein paar Gazellen und Vögel zeigt sich bis zum Einnachten nicht viel. Morgen können wir noch den ganzen Tag auf die Pirsch gehen und so machen wir uns auf den Rückweg zum Camp.
Ich fahre Locker im zweiten Gang, ohne Allradantrieb, auf dem Pfad zu den Chalets. Plötzlich werden wir immer langsamer obwohl ich ständig mehr Gas gebe. Ich versuche noch, den ersten Gang reinzuhauen, aber ich bin noch nicht so geübt und so bleiben wir im tiefen Sand stehen. «Kein Problem», denke ich und schalte den Allradantrieb ein und die Untersetzung. Leider bringt das nicht den erwarteten Befreiungsschlag. Das Fahrzeug bewegt sich nicht von der Stelle, alle Räder drehen durch wir stecken noch tiefer im Sand. Nun steige ich aus und begutachte die Situation. Dabei kommen mir Joe und Hanny in den Sinn, denen es im letzten Jahr wohl genauso ergangen ist. Soll ich nun Luft ablassen und die Schaufel hervorholen? Das stinkt mir gewaltig und ich klettere ins Fahrzeug zurück und will nochmals versuchen auch so rauszukommen.
Da fragt mich Beni ganz unschuldig: «Hast du alles reingehauen was du kannst?».

Jetzt fällt mir ein, dass ich bei diesem Fahrzeug für die Räder hinten und vorn die Differenzialsperre zuschalten kann. Ich drücke die entsprechenden Knöpfe und starte den ultimativen Versuch. Ganz langsam bewegt sich das Fahrzeug und wir schaffen es wirklich, rauszukommen. Seit diesem Moment muss ich von Beni bei jeder passenden und unpassenden Gelegenheit hören, dass sie es eigentlich war, die uns da rausgebracht hat und immer, wenn es eng wird fragt sie seither: «Hast du ....?».

Das Nachtessen im Camp Restaurant ist immer noch gleich wie letztes Jahr. Auswahl und Qualität lassen sehr zu wünschen übrig. Für mein Filetsteak muss ich ein scharfes Messer verlangen und es damit in ganz kleine Stücke schneiden, damit ich es notfalls auch ganz herunterschlucken kann. Die Hühnerbrust, die Beni bestellt hat, ist trocken und die Pommes sind schlampig und ölgetränkt. Wir beschliessen, morgen mit dem Kocher unser eigenes Menü zuzubereiten.

Wir wachen um sieben Uhr auf, machen uns schnell einen Kaffee und sind dann auf den Weg zu den Wasserlöchern. Heute haben wir mehr Glück und können eine Nashornfamilie beobachten, wie sie zur Tränke kommt. Das Kleine will spielen, es stupst die Eltern immer wieder an und rennt dann davon. Neben den Nashörnern stillen auch ein paar Antilopen den Durst. Sie scheinen zu wissen, dass es hier keine Raubtiere gibt und kommen locker angetrabt. Nach einer Weile meldet sich der Hunger und wir fahren zurück zum Chalet.

Es ist inzwischen schon ziemlich warm geworden und so bleiben wir nach dem Frühstück im Schatten der Bäume und beobachten die

Hornvögel, wie sie versuchen, ihre Spiegelbilder in den Scheiben unseres Wagens zu vertreiben. Sie hacken wie wild auf die Scheiben und die vermeintlichen Eindringlinge ein. Um sie noch ein bisschen mehr anzutreiben, lege ich unseren Campingtisch mit der Seite

auf den Boden. Die Unterseite ist ein Spiegelblech und so haben die Vögel fast richtige Gegenüber. Wir brauchen nicht lange zu warten bis das Theater losgeht. Zu dritt versuchen sie die «Eindringlinge» mit lautem Gekreisch und heftigen Hieben zu vertreiben. Erst als wir den Tisch wieder für eigene Zwecke brauchen, beruhigen sie sich langsam. Aber auch dann schauen sie ab und zu wieder vorbei, gehen unter den Tisch, flattern hoch und schlagen mit ihren kräftigen Schnäbeln gegen die Unterseite des Tisches.

Am späteren Nachmittag klauben wir zum ersten Mal unsere Küchenutensilien und den Gaskocher hervor. Beni kocht eine grosse Pfanne Ratatouille und ich grilliere unser erstes Stück Filet. Das Ratatouille essen wir zur Hälfte auf, den Rest wollen wir morgen mit zwei Büchsen Ton zu einem Antipasto verarbeiten. Das Ratatouille und das Filet, übrigens etwa neun Franken das Kilo, sind ausgezeichnet, nicht zu vergleichen mit der Küche im Restaurant des Parks.

Wir haben im Supermarkt einen Karton mit zwei Liter Rotwein aus Südafrika gekauft. Auf dem Etikett steht, dass es sich um einen der besten Shiraz aus der Region Kapstadt handeln soll. Ob man den auch trinken kann? Ein Karton hätte den grossen Vorteil, dass er nicht zerbricht, auch wenn er noch so kräftig durchgeschüttelt wird. Man kann über ein Hähnchen das Glas füllen, während sich der Plastiksack im Karton zusammenzieht und dafür sorgt, dass keine Luft in den Wein kommt. Erstaunlicherweise schmeckt der Wein aus dem Karton ganz gut und wir beschliessen, unseren Vorrat in Maun aufzustocken, zumal eine Box wie abgemessen in den Kühler passt. Nach dem Essen füllen wir das zukünftige Antipasto in eine Plastikschale und Beni stellt sie zum Auskühlen offen ins Chalet.

Da wir noch nicht die nötige Bettschwere haben, beschliesst Beni, einen ersten Backversuch zu starten. In der Schweiz hat sie alle Zutaten gekauft und bereits zusammengemixt, so muss sie nur noch Wasser dazu geben und Teig kneten. Ich lege schon mal ein paar Scheiter ins Feuer um genügend

> Der grosse, Gusseiserne Topf, mit einem Deckel aus dem gleichen Material, wird üblicherweise gebraucht, um das Nationalgericht «Bobotje» zu kochen. Es ist ein Gemüse- und Fleisch-Eintopf der, über viele Stunden, langsam gegart wird.

Glut zu bekommen und schon bald ist auch der Teig bereit und wird in den Gusstopf gelegt, der in Südafrika zur Standardausrüstung jeder Küche gehört. Beni hat das Backen in der Gusspfanne zuhause ausprobiert und nun sind wir gespannt, wie das Resultat hier aussehen wird.

Nach ungefähr zehn Minuten werfen wir einen ersten Blick in den Topf und müssen leider feststellen, dass nur noch ein Stück Kohle geblieben ist.

Bei Tagesanbruch weckt uns das Scheppern des Abfallkübels, der draussen neben dem Grill steht. Beni ist sogleich auf den Beinen und am Fenster. Vielleicht ein Nashorn? Sie sieht drei Elandantilopen, die den Deckel vom Kübel gestossen haben und nun genüsslich die Rüstabfälle von gestern verzerren. Sie machen das so gut und sauber, dass der Abfallbeutel wieder gebraucht werden kann. Da wir nicht mehr schlafen können, packen wir unsere Sachen und machen uns nach dem Morgenkaffe auf den Weg zum nächsten Ziel.

6. Makgadikgadi

Wir bringen den Schlüssel zurück und kauften noch sechs Bündel Holz, da diese schön in Plastiksäcken abgepackt sind. So können wir sie hinten im Auto verstauen und müssen sie nicht aufs Dach binden. Auf den Fahrten über die Sandtracks im Park hat der Land Cruiser ziemlich viel Diesel geschluckt und wir müssen deshalb zuerst zurück nach Serowe zum Tanken. Danach stehen die rund 400 km zum Makgadikgadi Nationalpark an.

Bis zum Fluss Boteti fahren wir an der Zentralkalahari entlang durch eine endlose scheinende Ebene. Der Wind treibt dichte Staubwolken vor sich her, über die Strasse und die wenigen Eingeborenensiedlungen die an der Strasse stehen. Ich frage mich, wie man in einer so trocknen und spärlich bewachsenen Gegend leben kann? Kurz vor Orapa, einer Minenstadt, sehen wir Rinder, die weit verstreut auf Nahrungssuche sind. Aufgrund ihrer Hinterlassenschaften auf der Strasse müssen es viele Tiere sein die hier leben und Nahrung finden, obwohl wir nirgends einen grünen Flecken ausmachen können. Hinter der Stadt erhebt sich ein mehr als hundert Meter hoher Berg aus Schutt. Von der Strasse aus sehen wir die Grube nicht, in der im Tagebau geschürft wird, aber wir sehen die Förderbänder die den Schutt auf den Berg transportieren.

> Ein paar Zahlen zur Mine, die ich im Internet gefunden habe. Sie wurde 1971 in Betrieb genommen. 60 Millionen Tonnen Erz und Schutt werden jährlich ausgehoben. Daraus werden ca. 2'200 Tonnen Diamanten gewonnen.

Kurz nach Mittag sind wir am Boteti und da die Fähre gerade angekommen ist können wir sogleich an Bord fahren. Der Fährmann weisst mich ein, was bei diesem kleinen und wackligen Floss sehr wichtig ist. Ich muss genau in der Mitte der Fähre und bis ganz ans vordere Ende fahren. Unser Toyota ist ziemlich schwer und ich habe das Gefühl, das

Floss sinkt vorne ab. Vorsichtshalber öffne ich schnell alle Fenster um im Notfall einen Fluchtweg zu haben. Beni steht neben dem Fährmann

 und filmt. Da ich so weit nach vorn fahren muss, wird es eng für sie und ich befürchte, dass sie bei einem Schritt zurück ins Wasser fällt. Endlich ist der Fährmann zufrieden, er geht zum kleinen Aussenborder und startet ihn. Langsam zieht er das Floss vom Ufer weg. In der Mitte des Flusses steigt er aufs Deck und will nun, dass ich gegen das hintere Ende der Fähre zurückfahre. Mir wird klar, dass mit diesem Manöver das Floss hinten nach unten gedrückt und die Rampe vorn angehoben wird. Damit kann er näher ans Ufer, so dass wir nicht in tiefem Wasser fahren müssen.

Wie letztes Jahr will er nun auch gleich seinen Fährlohn von 150 Pula. Ich glaube, er baut immer darauf, dass man ihm 200 gibt, denn Wechselgeld hat er auch diesmal keines. Nach kurzer Diskussion nehmen wir das Rückgeld in Naturalien, denn, so ein Zufall, er verkauft auch Brennholz.

Bei der Überfahrt sehen wir Elefanten, die etwas weiter unten den Fluss durchwaten. Am Eingang zum Campingplatz begrüsst uns Frau Makwi, die Rezeptionistin, sehr freundlich. Wir hatten den Standplatz acht gebucht, aber sie teilt uns mit, dass wir Platz sechs bekommen. Uns ist das eigentlich egal, aber mich interessiert es trotzdem, warum wir einen anderen Platz zugeteilt bekommen. Sie erzählt uns, dass die Holländer, die letzte Nacht auf sechs campiert hatten sich beschwerten und unbedingt einen anderen Platz wollten. Der einzige der frei war, war unser gebuchter Platz acht.

Ich frage: «Was war der Grund für die Beschwerde?»

«Ach die waren komisch! Wir haben zurzeit auf dem Platz eine Mäuseplage und die glauben, dass es an einem anderen Platz besser sei. Ich hoffe, ihr habt damit keine Probleme.»

Ich schaue Beni fragend an, denn ich weiss, dass sie auch kein Mäusefreund ist. Beni behauptet immer, dass sie schlecht englisch kann und vielleicht hat sie nicht verstanden um was es genau ging. Auf jeden Fall scheint alles in Ordnung zu sein und wir nehmen den Platz ohne weiter darauf einzugehen. Beni hat aber klar verstanden was gesprochen wurde und schaut sich nach Mäusen um, sieht aber keine und auch keine Spuren. Schnell inspizieren wir noch das Toilettenhaus, das nur ein paar Schritte neben unserem Platz steht. Die Duschen und Toiletten sind gut unterhalten und wirklich sauber.

Jetzt wollen wir auf die Pirsch und dazu muss Luft aus den Reifen, denn wir wissen, dass die Tracks um den Boteti sehr sandig sind. Hinten gehen wir von 2.4 Bar auf 1.4 und vorn sogar auf 1.2 runter. Mit den halb platten Reifen ist das Fahren im Sand nicht nur sicherer, sondern auch viel bequemer. Wir stehen nicht weit vom Ufer und sehen eine Gruppe Elefanten, die den Fluss überqueren und langsam auf uns zu trotten. Es sind Bachelor, Junggesellen wie man sie hier nennt. Zwei der Tiere, die auf uns zukommen, haben das ölige Sekret an den Schläfen, das Zeichen, dass sie möglicherweise sehr Übellaunig sind. Wir fahren deshalb etwas zurück und stellen das Fahrzeug so, dass wir schnell wegfahren könnten. Einer dieser Elefanten dreht sich zu uns, bleibt stehen und fährt die Ohren aus. Nach einer Weile dreht er ab und folgt seinen Kollegen, die bereits die Böschung erklommen haben. Später kommen dann noch ein paar Zebras, Giraffen und eine Herde Impala Antilopen vorbei.

Junge Elefantenbullen werden aus der Herde ausgestossen sobald sie geschlechtsreif sind. Sie leben fortan alleine oder schliessen sich mit «Leidesgenossen» zusammen, mit denen sie herumziehen. Vorzugsweise halten sie sich in der weiteren Umgebung von Herden mit Kühen und Jungtieren auf. Sie riechen auf grosse Distanz, wenn eine Elefantenkuh brünstig ist und sind dann sehr schnell zu Stelle. Meist ist es nicht nur ein Bulle der sein Glück versuchen möchte und dann kommt es ab und zu zum Duell. Ansonsten vertragen sich Bullen untereinander sehr gut. Übrigens haben auch die Bullen eine Art Brunst, bei ihnen heisst es Must. Dabei sondern sie an der Schläfe ein öliges Sekret aus, das gut sichtbar ist. Wenn das ausgeprägt vorhanden ist, bleibt man besser auf Distanz. Sie sind dann leicht reizbar und können sehr aggressiv sein.

Gegen 16 Uhr fahren wir zurück ins Camp. Wir werden das erste Mal im Dachzelt schlafen und wollen in Ruhe und vor allem bei Tageslicht alles vorbereiten. Da angekommen packen wir unser Campingutensilien aus dem Wagen und machen uns daran, das Zelt aufzubauen. Unsere «Pizza Calzone» lässt sich einfacher öffnen als schliessen, aber die Kletterei über Räder, Stossstangen und Türen, rauf und runter ist bei über 40 Grad am Schatten, eine echte Schinderei. Nach zwei Büchsen Light-Bier und einem Liter Wasser steht unsere Behausung und wir hängen erschöpft in den Campingsesseln.

Nebenan fahren zwei Fahrzeuge auf den Platz. Es ist ein Land Rover, der sicher bald vierzig Jahre auf dem Buckel hat und ein paar Jahre jüngerer Toyota Land Cruiser mit einem speziellen Campingaufbau. Den Fahrzeugen entsteigen zwei ältere Pärchen, die wohl noch ein paar

Jahre mehr auf dem Buckel haben als wir. Die Autokennzeichen verraten, dass sie aus Südafrika kommen und am Alter der Fahrzeuge lässt sich schliessen, dass sie nicht gemietet sind und wir wohl richtige Profis vor uns haben.

Der Land Rover scheint vollgepackt mit allen möglichen Campingutensilien. Während die Frau mit dem Ausladen beschäftigt ist, klettert der Mann, über die am Heck des Fahrzeugs angebrachte Leiter, aufs Dach und balanciert über das Zeltpacket zum Dach der Führerkabine. Er ist sicher über 75 und hat auch noch ein paar Kilogramm zu viel auf den Rippen.
Auf meine diesbezügliche Bemerkung meint Beni: «Der ist etwa gleich schwer wie du!»
Ich finde das ziemlich daneben, verkneife mir aber eine Antwort. So oder so, er ist hoch auf dem Wagen und es sieht nicht gerade elegant aus, wie er sich da bewegt. Ich überlege mir schon mal, wo mein Satellitentelefon ist und wen ich im Notfall anrufen könnte. Seine Frau, die unten das Fahrzeug entlädt, kümmert sich nicht im Geringsten darum was oben abgeht. Sie schaut auf jeden Fall nie hoch. Ob sie einfach nicht hinschauen kann? Er geht auf dem Dach ein paar Mal hin und her, löst die Gurten und wirft der Frau ein Seil zu. Routiniert zieht sie daran das Zelt hoch und ihr Mann kann jetzt wieder herunterklettern. Er hat das sicher schon oft gemacht und wahrscheinlich ist nie etwas passiert und glücklicherweise geht diese Zitterpartie auch diesmal ohne Unfall über die Bühne. Das Ganze war für uns spannendes Campingkino, ohne Worte, wie Pantomimen haben sie das Ganze in einer Viertelstunde aufgebaut.

Das andere Pärchen hat ein ganz besonderes Fahrzeug. Wie eine Werkzeugkiste werden die Seitenwände der Ladefläche heraus- und aufgeklappt. Es sieht nun aus, wie eine Ladefläche von ungefähr zweieinhalb auf drei Meter mit halbmetrigen Seitenwänden. Daran festgemacht ist die Zeltplane, die in der Mitte mit zwei Stangen angehoben wird und so steht das Zelt, ganz ohne akrobatische Kletterein.

Nachdem sie ihren Platz eingerichtet haben, spazieren sie auf dem Weg zur Toilette an uns vorbei. Wir grüssen freundlich und dann kommen auch schon die üblichen Fragen wie, woher kommt ihr und wohin geht die Reise? Sie waren sechs Wochen unterwegs und sind nun auf dem Rückweg nach Johannesburg.

Auf meine Frage: «Seid ihr des Öfteren in Bostwana in den Ferien?» Antwortet der Akrobat mit dem Land Rover: «Ja, fast jedes Jahr. Je nach dem geht's nach Botswana, Simbabwe, Sambia oder Namibia und natürlich sind wir ab und zu auch in Südafrika unterwegs. Seit wir in Pension sind geniessen wir es noch viel mehr und länger als früher. Und was ist mit euch? Seid ihr unterwegs ins Delta oder schon auf dem Rückweg wie wir?»

«Wir sind vor ein paar Tagen in Johannesburg angekommen und nun auf dem Weg ins Delta. Wir waren letztes Jahr auch in den Parks da oben und wollen diesmal etwas länger bleiben.»

«Schön, wohin geht eure Reise?»

Ich beschreibe kurz unsere geplante Route: «… von Savuti hoch nach Linyanti und von da nach Kasane.»

Er zieht die Augenbrauen hoch. «Da habt ihr wirklich einiges vor. Wart ihr letztes Mal auch in Linyanti?»

«Nein, nur in Savuti und von da direkt nach Kasane.»

«Es gibt zwei Möglichkeiten, von Savuti nach Linyanti zu fahren. Der direkte Track durch den Busch oder über das Chobe North Gate. Welche Route habt ihr geplant?»

«Den direkten Weg. Da wir in Savuti keinen Platz zum Übernachten bekommen haben, müssen wir vom Khwai via Savuti in einem durch nach Linyanti fahren.»

«Uh, dann kommt ihr ja erst gegen Mittag nach Savuti und müsst in der grössten Hitze die Strecke nach Linyanti fahren.»

«Leider ist das so, aber es sind ja nur etwa fünfzig Kilometer von Savuti und der Umweg über das North Gate ist einige Kilometer länger.»

«Schon, aber der direkte Track ist sehr, sehr sandig und da sind oft Geländefahrzeuge der Armee unterwegs, die die Piste oft tief aufwühlen. Zudem sind da immer viele Spuren nebeneinander im Sand und es geht auch ab und zu leicht bergauf und runter.»

Etwas vorsichtig geworden frage ich nach. «Sollen wir dann doch besser den Umweg nehmen?»

Er schaut sich unser Fahrzeug etwas genauer an. «Ich will euch keine Angst machen und denke, dass ihr mit dem Land Cruiser wahrscheinlich ohne grosse Schwierigkeiten durchkommt.»

Dazu kommt dann noch der Tipp. "Lower the pressure in your tyres to one bar and keep your momentum, never stop if you don't have to."

Auf Deutsch: «Lass die Luft aus den Reifen bis auf ein Bar, bleibt immer in Bewegung und stoppt auf keinen Fall, wenn ihr nicht müsst.»

Das sind ja gute Aussichten, aber wir werden ja sehen, was wir tun, wenn wir da sind.

Es ist bald sechs Uhr, die Sonne ist nur noch knapp über den Büschen, die Temperatur wird auch immer angenehmer. Wir freuen uns auf das kühle Antipasto mit Tunfisch und das frische Brot, das wir heute in Serowe gekauft haben, wird sicher vorzüglich dazu passen. Ich habe die Büchsen mit dem Tunfisch geholt und will sie gerade öffnen, da höre ich Beni: «Oh, das ist aber Sch...». Verwundert schaue ich zu ihr rüber und sehe, dass sie ungläubig in den Plastikbehälter mit unserem Nachtessen schaut. Sie bringt den Behälter zu mir rüber und ich sehe, dass da jemand schneller war als wir. Das Antipasto ist voller schwarzer Pünktchen. Sie bewegen sich zwar nicht, weil sie vermutlich erfroren sind, aber sie sind klar als Ameisen erkennbar. Sie müssen in der kurzen Zeit, in der der Becher offen im Chalet stand, in Massen zum grossen Fressen gekommen sein. Die Ameisen sind bestens organisiert, in so kurzer Zeit, in totaler Finsternis eine ganze Armee aufzubieten ist für sie ein Kinderspiel. Beni und mir verdirbt es den Appetit auf Antipasto und so landet es in der Mülltonne nebenan.

Da wir nicht allzu viel Auswahl haben, beschliessen wir ein Stück Filet zu grillieren, eine Büchse Borlottibohnen und Brot dazu zu essen. Nun wird es aber höchste Zeit, ein Feuer zu machen, denn bis die richtige Glut vorhanden ist, dauert es noch ein Weilchen. Trotz aller Eile ist es schon lange dunkel bis wir endlich etwas zwischen die Zähne bekommen. Das ausgezeichnete Fleisch mit den Bohnen, dem frischem Brot und dem Glas Rotwein, lässt schnell die Enttäuschung mit dem Antipasto vergessen. Danach gehen wir zum Toilettenhaus, duschen und machen uns für die Nacht zurecht.

Auf dem Rückweg fragt Beni: «Was meinst du, gibt es hier Löwen, Leoparden oder Hyänen?»
«Ich glaube nicht, wir sind sehr nah an einem Dorf.»

Im Licht der Stirnlampen sehen wir sie dann. Nicht die Löwen, aber die Mäuse. Sie sind überall, rennen kreuz und quer über den Platz, kommen aus den Gebüschen und den Löchern der Mülltonnen. Ich habe mal gelernt, dass Mäuse die Hauptnahrung der Schlangen sind. Nun gibt es zwei Möglichkeiten, es hat keine Schlangen hier, darum gibt es so viele Mäuse oder es hat hier viele Schlangen, weil es so viele Mäuse gibt. Gegenüber Beni plädiere ich auf die erste Variante, schlage aber vor, dass wir heute Nacht das Auto nicht verlassen.

Kurz nach acht verkriechen wir uns ins Dachzelt, aber da es immer noch über dreissig Grad ist und wir noch nicht müde sind, schalte ich mein mitgebrachtes kleines Netzwerk ein und wir machen noch einen Jass zusammen auf den IPads. Wir sitzen nackt im Zelt und der Schweiss läuft überall runter wie in der Sauna und schon bald löschen wir alle Lichter, öffnen das Zelt und lüften mal richtig durch. Danach muss alles wieder verschlossen werden, um den lästigen Kampffliegern den Zugang zu verwehren. Die Moskitonetze an den Gucklöchern und am Eingang verhindern den Anflug der Biester, bringen aber nicht viel Kühlung, weil sich kein Lüftchen regt.
Wir legen uns hin, schwitzen vor uns her und lauschen auf die Geräusche der Umgebung. Da, ein lautes Löwengebrüll, es scheint direkt vom Fluss zu kommen, der nur hundert oder zweihundert Meter entfernt ist.
Beni meint trocken: «Von wegen zu nahe beim Dorf.»
«Ja gut, jeder kann sich mal irren.»
Es gibt nun zwei Gründe, das Dachzelt heute Nacht nicht mehr zu verlassen.

Schon bevor die Sonne aufgeht künden die Vögel den neuen Tag ziemlich laut an. Es ist angenehm kühl, also raus aus den Matten, schnell Frühstücken und los auf Safari. Wir haben noch frisches Brot, Butter, Käse und dazu Kaffee. Was gibt es Schöneres, als den Tag so zu beginnen. Beni macht den Kaffee, ich hole die Sachen aus dem Kühler und das Brot, oder besser das, was vom Brot übriggeblieben ist. Irgendjemand hat sich heute Nacht daran gütlich getan und es rundum angefressen.

Beni hat mir gestern erzählt, dass sie gesehen habe wie eine Maus von der Ladebrücke gesprungen sei, was ich nicht geglaubt habe, und nun sieht sie sich in ihrer Beobachtung bestätigt: «Siehst du, ich habe es ja gesagt, dass ich eine Maus gesehen habe.»

Ich kann es immer noch nicht glauben.

«Im Wallis werden Steinplatten unter die Säulen der Vorratskammern gesetzt um die Mäuse draussen zu halten», versuche ich zu erklären.

«Aber du siehst doch, dass das Brot angefressen ist.»

Die Diskussion bringt nichts, das Brot ist ungeniessbar und so gibt es halt wieder Müesli. Danach räumen wir alles weg und da sehe ich, wie eine Squirrel, eine Art Eichhörnchen, von der Ladebrücke springt und im Gebüsch verschwindet. Das  waren also die Diebe, die unser Brot gefressen haben und nicht die Mäuse.

Wir stehen direkt neben unserem ursprünglich reservierten Platz Nummer acht, den wir heute beziehen sollen. Die Holländer sind auch da und gerade dabei, zusammenzupacken. Ich möchte den Tisch und die Campingstühle nicht im Wagen verstauen, sondern gleich auf den freiwerdenden Platz stellen. Deshalb gehen wir rüber, begrüsse sie und ich frage unschuldig: «Wie war denn die Nacht ohne Mäuse?»

Die Frau grinst etwas süss-sauer: «Was heisst, ohne Mäuse? Die waren auch hier überall unterwegs, richtig grässlich!»

Der Mann meldet sich zu Wort. «War ja nicht so schlimm, sie haben uns nichts getan.»

Ich wechsle das Thema: «Wart ihr gestern auf der Pirsch? Wir haben gesehen, dass ihr erst ganz kurz vor dem Einnachten gekommen seid.»

Er strahlt richtig: «Ja, wir sind gleich hinter dem Campinglatz auf ein Rudel Löwen gestossen. Drei Weibchen, ein paar Babys und ein Männchen.»

Stolz zeigt er uns die Bilder die er geschossen hat und wir freuen uns mit ihnen. Wir waren gestern auch an der Stelle, aber leider zwei Stunden früher.

Der Makgadikgadi Park ist mehr als dreimal so gross wie der Kanton Luzern, und es führen nur ein paar Tracks hindurch. Würde der Park von zehn Löwenrudel bevölkert, die irgendwo unterwegs sind, versteht man, dass es sehr viel Glück braucht, ein Rudel zu sichten. Vom Track sieht man vielleicht fünfzig Meter weit in den Busch, manchmal auf einer leichten Erhebung etwas mehr. Die Löwen sind nicht so gross wie Elefanten oder Giraffen und auch diese grossen Tiere sieht man manchmal erst, wenn man direkt vor ihnen steht.

Das zusammenfalten des Zeltes ist wieder eine Herausforderung. Ohne Leiter ist die Kletterei auch in der Morgenkühle sehr mühsam und die Plane will und will nicht über das zusammengefaltete Dachzelt. Nach gut einer halben Stunde ist es endlich geschafft unser Dachträger erinnert wieder sehr an eine «Pizza Calzone», aber wir können endlich losfahren.

Kreuz und quer über alle Tracks suchen wir nach den Löwen. Jeden, den wir antreffen fragen wir, ob sie Raubtiere gesehen haben und alle verneinen. Als Entschädigung bekommen wir aber wieder viele andere Tiere zu Gesicht.

Gegen Mittag sind wir zurück am Boteti, stellen uns am Fluss in den Schatten einiger Bäume und sehen, wie grosse Elefantenherden den Fluss überqueren. Diesmal sind es Kühe mit ihren Jungen. Die kleinsten müssen schwimmen und die Kühe beobachten und unterstützen sie. Der Fluss ist nicht sehr breit und hat kaum Strömung, so lassen sich die Elefanten viel Zeit und geniessen das Bad.

Zurück im Campingplatz stellen wir fest, dass Tisch und Stühle sowie das bereitgelegte Brennholz verschwunden sind. Hier klaut doch keiner? Ich fahre zur Rezeption und frage Makwi ob sie etwas weiss. «Ja», sagt sie und erklärt «Wir dachten das Zeugs gehört den Holländern und haben es deshalb in den Schopf gepackt. Ihr könnt die Sachen gleich mitnehmen.»
«Super! Und was ist mit dem Brennholz?», frage ich.
«Oh, das wurde vom Boy aufgeräumt. War es viel?»
«Ja, ein ganzes Bündel.»
«OK, ich werden es dem Boy sagen und er wird es ihnen dann bringen.»
Das hat etwas Zeit gekostet, wir fahren zurück zum Platz und beginnen sogleich mit der Arbeit. Auf das Brennholz können wir nicht warten, sonst gibt es kein Feuer, bevor es Nacht ist. Ich hole Holz aus dem Auto, mache Feuer und stelle danach das Zelt auf, während Beni am Gaskocher das Nachtessen zubereitet, es gibt Risotto mit Pilzen und dazu den Rest des Filets von gestern.

Wir beeilen uns, aber es ist trotzdem schon stockfinster als wir am Campingtisch sitzen und Essen. Ich habe eine Lampe am Fahrzeug montiert und so sehen wir wenigstens unsere Teller und Gläser. Die Lampe habe ich etwas weiter weg vom Tisch montiert, weil die Lufthoheit jetzt bei allen möglichen Mücken, Faltern und Käfern liegt. Es sind so viele, dass man manchmal das Gefühl hat, eine Wolke hätte sich vors Licht geschoben. Stechmücken sind scheinbar nicht dabei, wir werden auf jeden Fall nicht gestochen.

Irgendwie habe ich plötzlich das Gefühl, beobachtet zu werden. Wir sind auf dem äussersten Platz, links von uns ist nur Busch. Und genau da, etwa 50 Meter entfernt, glaube ich zwei Augen leuchten zu sehen. Ich gehe zum Fahrzeug und hole die starke Stablampe, die ich mir für solche Fälle gekauft habe. Im Lichtstrahl sind die Augen noch besser zu sehen aber auch die Umrisse des Tieres sind gut erkennbar. Es muss ein Löwe oder ein Leopard sein der da zu uns herüberschaut. Er macht keine Anzeichen, auf uns zu zugehen, sondern steht einfach nur da und schaut. Wir haben ein schönes Feuer brennen und da ist es sehr unwahrscheinlich, dass er uns als mögliches Nachtessen sieht. Im Schein der Lampe sehen wir, wie er sich abwendet, langsam vorbeigeht und im Busch verschwindet. Das ist genau das, was so eine Safari ausmacht. Man sucht den ganzen Tag nach Raubtieren, ist etwas enttäuscht, keine zu finden und dann plötzlich steht eines vor dir.

7. Okavango River Lodge, Maun

Wie üblich beginnt der Tag mit dem Lärm der Vögel. Fünfzehn Minuten später, so gegen sechs Uhr, kommen die ersten Sonnenstrahlen zum Zelt und dann kann man nicht mehr liegen bleiben. In der Nacht haben wir wieder das Brüllen der Löwen gehört, aber diesmal etwas weiter weg.

Nach dem Frühstück packen wir alles zusammen und machen uns auf den Weg. Es geht quer durch den Park bis zur Hauptstrasse A3, die von Francistown nach Maun führt. Der Track zur Strasse ist teilweise tief sandig und es heisst wachsam bleiben, auch wenn es meist geradeaus geht. Auf dem Weg durch den Busch sehen wir verschiedene Vogelarten, aber keine Säugetiere.

Unterwegs treffen wir einen Ranger und fragen ihn, ob es hier viele Löwen gäbe und ob er welche gesehen habe.
Er Antwortet auf meine Fragen: «Ja, es gibt hier sogar zu viele Löwen, aber heute Morgen habe ich noch keine gesehen.»
Verwundert frage ich: «Warum zu viele? Ich glaubte die seien alle bedroht?»
«Hier sicher nicht. Am Ende der Trockenzeit kommen die Gnus, Zebras und Antilopen aus den Makgadikgadi Pans zum Boteti und wollen weiter ins Okavango-delta. Hier am Zaun werden die Tiere aufgehalten und die Löwen brauchen nicht gross zu jagen. Sie können einfach abwarten, bis ihnen die Tiere praktisch in den Rachen laufen. Wegrennen können sie nicht, die Löwen jagen so, dass sie Richtung Zaun laufen müssen.»

Der Makgadikgadi-Boteti-Zaun ist einer der neuesten Veterinärzäune in Botswana. Als der *Boteti River*, welcher bisher als eine natürliche Grenze den Kontakt von Nutzvieh und Wild unterbunden hatte, in den frühen 1990er Jahren auszutrocknen begann, entschloss man sich, zur Aufrechterhaltung dieser bisherigen Grenze in der Mitte des ausgetrockneten Flussbettes einen Veterinärzaun zu errichten. Auf diese Weise wurden einerseits für Nutzvieh zugängliche Wasserlöcher geschaffen und andererseits Wasserquellen für das Wild aufrechterhalten.
(Quelle: Wikipedia)

Ich frage weiter: «Haben die Tiere überhaupt eine Chance ins Delta zu kommen?»

Er lacht: «Ja, dank den Elefanten und dem Geldmangel Botswanas. Ich habe beobachtet, wie grosse Elefantenbullen kleinere Bullen in Richtung Zaun gejagt haben. Der Zaun ist zwar elektrisch geladen und ziemlich massiv, aber der geballten Kraft eines Elefantenbullen auf der Flucht sind sie nicht gewachsen. Die rennen einfach durch und der Zaun ist ruiniert. Zur Reparatur fehlt das Geld und so entstehen glücklicherweise immer mehr Löcher.»

Ohne grossartige Sichtungen kommen wir zum nördlichen Gate des Makgadikgadi Nationalparks. Ab hier beginnt die Teerstrasse nach Maun, wir werden etwas schneller unterwegs sein und dazu brauchen wir  wieder einen höheren Reifendruck. Der Kompressor funktioniert ausgezeichnet und schon nach einer viertel Stunde haben alle Räder den richtigen Druck. Beni übernimmt das Steuer und los geht's Richtung Maun. Sehr interessant ist diese Strecke nicht, aber man muss ständig auf der Hut sein, denn plötzlich tauchen Schlaglöcher wie ein Flickenteppich, quer über die Fahrbahn auf. Manche Löcher sind bis zu 15 cm tief, unterschiedlich lang und breit und zudem meist versetzt. Wenn man sie sieht, ist es manchmal möglich, auf die Gegenfahrbahn auszuweichen. Manchmal, bei Gegenverkehr, kann es auch vorkommen, dass man über die Böschung hinunterfahren muss und nach den Löchern wieder hoch auf die Strasse. Im schlimmsten Fall bleibt nichts anderes übrig als «Augen zu und durch». Beni macht das hervorragend, irgendwie hat sie alle Situationen im Griff. Wenn die Strasse mal etwas besser ist nicke ich sogar ein, bis die nächsten Schwenker oder das Gerumpel mich unsanft aus dem Schlaf holen.

Zehn Kilometer vor dem Zentrum von Maun beginnt das Geschäftsviertel und da ganz zuoberst auf unserer Einkaufsliste «Leiter» steht, suchen wir einen Bau- und Hobbymarkt. Heute fegt ein starker Wind grosse Staubwolken durch die Strassen, was für unsere Shoppingtour nicht so angenehm ist.

> Maun ist das südliche Tor zum Okavango Delta. Die Stadt hat rund 50'000 Einwohner und da es keine hohen Häuser gibt, verteilt sie sich auf eine sehr grosse Fläche.

Wir klopfen mehrere Baumärkte ab und sind schon ziemlich staubbedeckt, als wir endlich die passende Bockleiter aus Aluminium und den Spanngurt mit Rätsche finden.

Unsere Lodge liegt windgeschützt direkt am Fluss Okavango. Eine Tafel warnt vor Krokodilen und Flusspferden, aber gleich daneben baden ein paar Kinder völlig sorglos. Die Lodge ist ein Treffpunkt für Reisende wie wir. Hier trifft man gleichgesinnte, tauscht Erfahrungen und Tipps aus und alle geniessen die ungezwungene Atmosphäre. Leider ist für uns kein Chalet reserviert wie abgemacht, sondern ein Campingplatz. Es ist alles ausgebucht und so müssen wir halt nochmals im Zelt übernachten, aber morgen ist ein Chalet frei und wir beschliessen, dann noch einmal in einem richtigen Bett zu schlafen.

Heute beginnt eine neue Ära im Zeltaufbau. Unser Einkauf hat sich gelohnt, mit der Leiter ist es sehr viel einfacher. Rauf und runter muss ich immer noch, aber nicht klettern, nur steigen. Das Zelt steht, ohne akrobatische Einlagen, in knapp fünfzehn Minuten.

Bei einem kühlen Getränk schauen wir im Internet was in der Welt so gelaufen ist, checken unsere Mails, und planen den morgigen Tag. Wir wollen uns Maun etwas näher ansehen und unsere Vorräte auffüllen, denn ab übermorgen sind wir neun Tage ohne Einkaufsmöglichkeiten im Busch unterwegs. Vergessen sollte man besser nichts Wichtiges und so ist ein umfassender Einkaufszettel von Nöten. Danach hängen wir noch etwas ab, wie man so schön sagt und gehen dann in den Waschraumen des Campingplatzes Duschen. Wir sind ziemlich geschockt, als wir die WC- und Duschanlagen sehen. Eine Toilettentür hat keine Scharniere mehr und ist nur im Türrahmen angestellt und in der anderen Türöffnung hängt ein alter Sack als Blickfang. Die Spülungen beider Toiletten sind defekt. Man muss den Stöpsel von Hand aus dem Tank ziehen und einsetzen und genauso desolat sehen die Duschen aus, aber zumindest gibt es warmes Wasser. Auch mit der Reinigung nimmt man es hier wohl nicht so genau. Einige Kakerlaken rennen weg, als wir hereinkommen und es ist wohl besser, die Sandalen zum Duschen an den Füssen zu behalten. Die Nacht auf dem Campingplatz kostet nur 10 Pula (einen Franken), wir hätten für eine bessere Anlage gerne auch etwas mehr bezahlt. Auf jeden Fall sind wir froh, dass wir nur eine Nacht auf diesem Platz campen müssen und morgen in ein Chalet umziehen können.

Frisch geduscht sitzen wir danach auf der Terrasse des Restaurants und geniessen beim Nachtessen den Sonnenuntergang. Es ist so an die 28 Grad und gleichzeitig mit der sinkenden Sonne steigen die Mücken auf. Sie sind auf der Jagd nach frischem Blut und finden bei mir ein traumhaftes Jagdrevier. Beni verschonen sie weitgehend. Warum wohl? Sehr einfach, sie hat das aus der Schweiz mitgebrachte Antimückenmittel eingestrichen, ich meinerseits habe eines aus dem hiesigen

Supermarkt verwendet. Es heisst «Peaceful sleep», stinkt nicht so grässlich und wird hier als besonders hautfreundlich angepriesen. Ich finde es nicht gerade hautfreundlich, wenn man trotzdem aufgefressen wird und würde lieber auch etwas stinken. Beni gibt mir das «Antibrum forte» und ich stinke bald gleich wie sie, aber das finden auch die Viecher und lassen mich in Ruhe.

Es ist gestern etwas später geworden, so wir sind erst kurz nach acht auf den Beinen. Nach dem Frühstück überprüfen und ergänzen wir unsere Einkaufsliste. Die Kühlbox fasst nur gerade 40 Liter und da müssen, neben dem Fleisch, auch andere wärmeempfindliche Nahrungsmittel rein. Bei über 40 Grad kann man nicht viel Essbares aufbewahren und gekühlte Getränke schmecken auch viel besser als Lauwarme. Früchte und Gemüse sollen auf jeden Fall auch im luftdichten Kühler aufbewahrt werden um keine Elefanten dazu zu verleiten danach zu suchen. Für Elefanten ist es kein Problem, ein Fahrzeug umzudrehen um zu schauen, was sich darunter befindet.

Die Liste steht und wir bauen unser Nachtlager ab, was mit der Leiter und dem neuen Spanngurt wirklich sehr viel einfacher ist. Das Ganze sieht noch aus wie ein halb hochgezogenes Segel als wir den Spanngurt anlegen und dann, ritsch – ratsch – ritsch – ratsch, wird die Luft mit dem Gurt aus dem Zelt, den Matratzen und Kissen gedrückt. Die Abdeckplane ist nun nicht mehr zu klein, und lässt sich ganz leicht darüber ziehen. Super, so hätte es auch von Anfang an sein können, wenn wir bei der Vorführung bei Bushlore etwas aufmerksamer gewesen wären.

Unser Ziel ist der grosse Supermarkt von Spar, im Zentrum von Maun. Es hat viel Verkehr und mit dem grossen, nicht gerade wendigen Land Cruiser zwängen wir uns durch die Strassen und schlussendlich auf den Parkplatz beim Einkaufszentrum. Der Laden ist nicht so gross wie erwartet, hat aber ein gutes Sortiment und wir bekommen alles, was wir brauchen. Alle Arten von Bohnen in Dosen, Teigwaren, Brot, Fleisch und so weiter, werden eingeladen. Wir bringen die erste Ladung zum Fahrzeug und gehen dann, gleich nebenan in den Spirituose-Laden, in welchem wir 40 Liter Trinkwasser und mehrere Liter Sprudelwasser in den Einkaufswagen packen. Für den Sonnenuntergang am Lagerfeuer kaufen wir Wein in Kartons und ein paar Büchsen Bier, Windhoek-Light mit wenig Alkohol, damit ich auch manchmal eines am Nachmittag trinken kann, ohne gleich danach in Tiefschlaf zu fallen.

Auf dem Rückweg zur Lodge müssen noch der Tank und die Kanister auf dem Dach befüllt werden. Wie immer, wenn Touristen zur Tankstelle kommen, freuen sich die Tankwarte auf das Trinkgeld und lotsen sie an ihre Zapfsäulen. Ob sie diesmal auch so glücklich sind? Sie wissen noch nicht, dass die vier Kanister auf dem Dach auch voll sein müssen. Gleich drei Boys kommen angerannt, einer kontrolliert den Luftdruck, das Öl und das Wasser, ein anderer reinigt Scheiben und Rückspiegel und ein weiterer füllt den Tank. Es dauert etwas bis die rund 100 Liter im drin sind, und so werden die Scheiben blitzsauber. Nachdem der Tank voll ist, zeige ich auf die Kanister auf dem Dach und sage: «Die da oben bitte auch füllen.»

Nun geht die Diskussion los, wer von den dreien hinaufsteigen soll. Irgendwie einigen sie sich auf den grössten der Gruppe. Der klettert hinten über den Aufbau hoch und balanciert zum Gepäckträger über der Fahrerkabine. Er öffnet den Deckel des ersten Behälters, verlangt nach

dem Füllstutzen und beginnt zu füllen. Bei rund 15 Liter überläuft der Kanister, er will den Deckel schliessen und den nächsten öffnen. Damit bin ich nicht einverstanden und erkläre ihm, dass das 20-Litertanks sind und sie voll sein müssen. Er gibt den Einfüllstutzen dem Kollegen runter und öffnet die Befestigungen der Kanister und stellt sie auf. Der Stutzen wird wieder hinaufgereicht und siehe da, die Dinger fassen tatsächlich je 20 Liter. Nachdem der ganze Prozess abgeschlossen ist, bedarf es einer erneuten Reinigung der hinteren Fenster. Ich bezahle und gebe jedem ein anständiges Trinkgeld, so dass uns alle viel Spass auf der Safari wünschen und uns fröhlich verabschieden.

Unser Chalet das wir für heute in der Okavango River Lodge bekommen ist sehr gross. Über dem Doppelbett hängt ein zusammengerolltes Moskitonetz, Dusche und Toilette sind sauber, aber stammen wahrscheinlich aus der Kolonialzeit. Wir haben ein Mückenspray eingekauft und fragen uns zunächst, ob damit das Moskitonetz wohl überflüssig sei. Nach kurzer Inspektion des Raumes stellen wir fest, dass es sehr viele Löcher in den Gittern vor den Fenstern hat und die Tür zentimeterbreite Schlitze aufweist, durch welche die Mücken leicht hindurch kommen können. Damit wird klar, dass wir diese Nacht unter dem Moskitonetz schmachten werden, denn eine Klimaanlage gibt es nicht. Der grosse Ventilator an der Decke dreht wie wild, macht aber Geräusche wie ein Propellerflugzeug und wir verzichten deshalb auf dessen Luftstrom.

Noch vor dem Nachtessen verstauen wir den ganzen Einkauf an die richtigen Orte im Fahrzeug. Der Kühler ist schnell bis zum Rand voll und immer noch sind Lebensmittel in der Tüte, die auch hinein müssten. Also nochmals alles raus und nach Prioritäten einräumen. Leider werden Bier und Wein von der verantwortlichen Köchin stark zurückgestuft, so dass nur eine knappe Tagesration Platz findet. Beni tröstet mich: «Das wird sich in ein paar Tagen ja ändern.» Sie hat gut reden, ihr schmeckt auch warmes Sprudelwasser.

8. Southgate Moremi Wildlife Reserve

Es war sehr warm im Zimmer und wir lagen zu Beginn der Nacht nackt unter dem Moskitonetz. Da wir schon einige Tage nur mit Sandalen unterwegs sind, hat sich bei beiden raue Haut an den Füssen gebildet. Kommt man damit an das Netz funktioniert das, wie ein Klettverschluss und wenn wir uns drehen ziehen wir das Netz an den Füssen mit. Spätesten bei der zweiten Drehung liegt der nackte Hintern ausserhalb des Zeltes und bietet den Moskitos das Paradies. Wir schalteten den Ventilator auf höchster Drehzahl und redeten uns ein, im Flugzeug zu schlafen. Das half insofern, dass die Mücken im Sturm den Landeplatz nicht so einfach anfliegen konnten und wir deshalb weniger von den Plagegeistern angegriffen wurden.

Unser erstes Ziel ist das «Moremi Wildlife Reservat». Von der Lodge bis zu unserem ersten Campingplatz am Südeingang des Parks, sind es nur 80 Kilometer, und wir rechnen mit einer Fahrzeit von zwei Stunden. Die ersten 25 Kilometer fahren wir auf der Teerstrasse, danach beginnt die «neue» Transitstrasse zu den Dörfern rund um das Reservat. Diese Strasse ist stellenweise fast so breit wie eine Autobahn, aber manchmal sehr sandig, dann liegt wieder grober Schotter und dann sind es wieder wellblechartige Rillen auf hartem Grund, die die volle Aufmerksamkeit erfordern.

Das Okavangodelta ist mit rund 20'000 Quadratkilometern etwa halb so gross wie die Schweiz. Abgesehen von ein paar wenigen kleinen Hügeln, ist es eine riesige Fläche. Das Okavangodelta besteht aus vielen Wasserläufen, Seen und Inseln. Von da, wo der Okavango ins Delta fliesst, bis nach Maun sind es rund 260 Kilometer bei einem Höhenunterschied von 60 Meter. So braucht es rund vier Monate, bis das Wasser des Monsuns in Angola, durch das weit verzweigte Netz der Wasserläufe, in Maun eintrifft. Der grösste Teil davon wird unterwegs von den Vegetationen im Delta aufgenommen. Ein kleinerer Teil versickert oder verdunstet direkt von der Wasseroberfläche. Was übrig bleibt, fliesst in der Nähe von Maun in den Boteti und dann in die Kalahari, wo es vollständig verschwindet. Dieser Wasserfluss hat die Region zu einem Paradies für Tiere gemacht. Für den Menschen war es nicht das gelobte Land, Malaria und Schlafkrankheit haben das Wachstum der Bevölkerung verhindert.

Ab und zu kommen uns Fahrzeuge entgegen und da ein leichter Wind von rechts weht, werden wir jedes Mal vom Staub eingehüllt. In diesen Wolken ist fast keine Sicht und ab und zu hagelt es Steine, die die Windschutzscheibe zertrümmern könnten. Auch ein übersehenes Schlagloch in der Strasse könnte, bei entsprechender Geschwindigkeit, ganz beträchtlichen Schaden anrichten. Auf jeden Fall sind wir froh, als wir die Abzweigung zum Reservat nach weiteren zwanzig Kilometern erreichen. Hier beginnt ein schmaler, gewundener Track, der fast ausschliesslich von Parkbesuchern befahren wird. Wenn ein Fahrzeug entgegenkommt, muss einer in den Busch ausweichen. Das ist gut so, denn alle fahren langsam und wir haben Zeit nach Tieren Ausschau zu halten.

Nach ein paar Kilometern sehen wir vor uns zwei Fahrzeuge die angehalten haben. Da muss irgendein Tier gesichtet worden sein und tatsächlich, ein paar Meter weiter im Busch sind zwei Giraffen. Sie knabbern das Laub aus den Baumkronen und lassen sich von uns nicht stören. Die Besucher vor uns scheinen genug gesehen zu haben und fahren weiter.

Wir wollen nicht im Staub hinterherfahren, stellen den Motor ab und schauen den beiden Giraffen weiter zu.

Plötzlich sehen wir, nicht viel weiter entfernt, noch drei Giraffen. Es sind zwei Junge und vermutlich die Mutter der beiden. Erstaunt fragen wir uns, warum wir die nicht gleich gesehen haben. So grosse Tiere stehen direkt vor unserer Nase und wir nehmen sie erst beim zweiten Hinsehen wahr. Es ist scheinbar so, dass man lernen muss, die gut getarnten Tiere zu sehen. Hoffentlich übersehen wir mal keinen Elefanten, der direkt vor uns den Pfad überquert.

Kurz darauf stehe ich an der Rezeption des Parks und zeige meine Unterlagen, die ich von Bushlore erhalten habe. Der Sachbearbeiter schaut sich alles genau an und berechnet aufgrund unserer Voucher für die Übernachtungen, die Gebühren für den Moremi- und den Chobe-Nationalpark. Nach der Bezahlung erhalten wir ein neues Dokument, das wir an den Gates, die wir passieren, vorweisen müssen. Wir gehen noch schnell zum Campingplatz und prüfen, ob unsere Reservation in Ordnung ist. Das ist so und wir erhalten auch gleich den Standplatz zugewiesene. Alles ist aufgeräumt und die Toiletten und Duschen sind sauber. Wir sind zufrieden und fahren gleich wieder los auf die Pirsch. In diesem sonst trocknen Gebiet befinden sich einige Wasserlöcher, die «Black Pools» genannt werden. Vor einem Jahr wollten wir die Pools besuchen, aber der Track dahin wurde von einer Elefantenherde belagert, so dass wir umkehren mussten. Diesmal hoffen wir, dass uns der Zugang nicht wieder von den grossen Grauen zugestellt wird.

Der Track führt kreuz und quer durch den Busch und diesmal stehen keine Elefanten im Weg, und wir sind nach rund einer Stunde am ersten Wasserloch. Es ist ein kleiner See und in der Mitte vergnügen sich Elefantenkühe mit ihren Jungen. Wir fahren etwas näher ran, stellen uns in den Schatten einiger Bäume und geniessen die Szene. Kein anderes Fahrzeug weit und breit, nur die Elefanten und wir. Sie beachten uns nicht, sie trinken, spritzen, trompeten und wälzen sich im schwarzen Schlamm der Uferzone.

Die Zeit vergeht im Flug, die Sonne kommt dem Horizont schon ziemlich nahe und der Hunger meldet sich auch. Wir müssen leider zurück zum Camp, kochen, essen und die Vorbereitungen für die Nacht treffen. Das GPS mit der Karte von «Tracks for Africa» auf meinem IPhone funktioniert ausgezeichnet. Im Gegensatz zum Gerät von Garmin ist der Bildschirm des Handys viel grösser und besser zu lesen. Ich kann auf der virtuellen Karte genau sehen, wo wir uns befinden und wo die nächste Abzweigung kommt. Auf ungefähr halbem Weg passieren wir einen weiteren kleinen See, an dem gerade eine Herde Büffel unterwegs ist.

Sie kreuzen unseren Track und beobachten uns wachsam. Wir müssen warten, bis sie genügend weit weg sind und wir weiterfahren können. Natürlich warten wir gerne, denn wir haben noch nie eine so grosse Herde Kap Büffel gesehen. Zu nah darf man nicht an sie heran, die Tiere

 sind furchtlos und können sehr aggressiv reagieren, wenn sie das Gefühl haben die Herde sein bedroht. Ausgestossene Bullen die allein unterwegs sind, sind aber noch um einiges gefährlicher. Kommt man einem solchen Tier etwas zu nahe, kann es ohne Vorwarnung ein Fahrzeug angreifen und stark beschädigen.

Mit den letzten Sonnenstrahlen kommen wir zu unserem Standplatz. Ich mache Feuer und baue unser Nachtquartier auf. Der Zeltaufbau ist inzwischen schon fast zur Routine geworden und Beni muss mir nur noch beim Zurückschlagen der Deckplane helfen. Danach komme ich alleine zurecht und meine Copilotin kann sich weiter mit dem Kochen beschäftigen. Sie nimmt heute einen neuen Anlauf mit dem Ratatouille dessen Rest sich dann morgen in Antipasto verwandeln wird. Ich werde mal wieder das tun, was Männer bekanntlich am besten können, ein schönes Stück Fleisch grillieren.

Wir haben diesmal Nachbarn hinter, neben und vor uns. Sie sind aber alle so weit weg, dass man nicht hört, dass gesprochen wird. Neben uns haben zwei Männer mit Fahrzeug und Zelt den Standplatz bezogen. Einer von ihnen kommt herüber, stellt sich vor und fragt, ob es uns etwas ausmacht, wenn er den Motor ein paar Minuten im Stand laufen lässt. Die zweite Batterie für den Kühlschrank ist defekt und er will die Kühlbox direkt an den Alternator anschliessen und so betreiben. Ich kann mir zwar nicht vorstellen, dass die kurze Betriebszeit ausreichen wird, die im Kühler enthalten Getränke herunter zu kühlen. Bis es soweit ist, biete ich ihm für die Wartezeit einen Biertausch an. Er findet die Idee super und bringt mir gleich zwei warme Windhoek Draft für die ich ihm zwei Windhoek Light gebe. Für ihn nicht unbedingt ein Hit, er ist Bayer, und Light-Bier nicht so seine Sache. Der Tausch wird trotzdem vollzogen. Lieber ein kühles Light als ein warmes Draft. Der Motor wird gestartet und erst nach zwei Stunden abgestellt. Ich hoffe, es hat wenigsten etwas geholfen.

Das Nachtessen steht auf dem Tisch und es ist stockfinster. Meine Beleuchtung im Hintergrund und das Feuer halten die Flieger etwas vom Tisch fern und wir können in Ruhe essen. Da es dunkel ist, belästigen uns auch die heute Mittag gesichteten Babuns (Paviane) nicht. Wir lassen den Tag ausklingen und gehen bald nach oben in unser Nest.

In der Nacht hören wir viele Geräusche, die wir nicht erklären können. Ganz sicher aber erkennen wir das Gebrüll eines Löwen. Er markiert damit sein Territorium und will allen mitteilen, dass er hier der Chef ist. Es ist nicht sehr laut und wahrscheinlich ein paar Kilometer weit weg.

9. Third Bridge Camp Site

Wir sind heute wieder früh auf den Beinen, denn wir möchten in den kühlen Morgenstunden den Weg nach Third Bridge unter die Räder nehmen. Die Fahrt dahin ist eine schöne Pirschfahrt und wir hoffen ein paar Raubkatzen vor die Linse zu bekommen. Da es auf direktem Weg nur 80 Kilometer zur Third Bridge sind, beschliessen wir, den Umweg über die «Black Pools» zu nehmen. Es sind viele Blumen, Vögel und Antilopen aller Art zu sehen und Beni will alles fotografieren. Es wird dann halt ein Weilchen dauern bis wir an den Pools sind, aber das macht nichts, wir haben jede Menge Zeit. Unterwegs treffen wir auf einen Ranger.

Ich halte an und frage: «Guten Morgen! Schon lange unterwegs?»

«Ja, schon ein paar Stunden. Ihr seid sicher auf der Suche nach Löwen?»

Ich frage mich, woher er das wohl weiss und antworte lachend: «Nein, aber wenn wir welche finden, wären wir nicht traurig.»

«Dann habe ich gute Nachrichten, ein paar Kilometer weiter, beim zweiten Pool ist eine Familie versammelt.»

Wir bedanken uns und brettern los. Nicht wirklich, aber Beni verzichtet nun aufs Fotografieren und will auch keine Zwischenstopps mehr machen. Nach einer Viertelstunde Fahrt, wir müssten eigentlich gleich da sein, werden wir gestoppt. Vor uns auf dem Weg steht ein Land Cruiser und ein Mann versucht mit einem Standardwagenheber das Fahrzeug anzuheben um das linke Hinterrad zu wechseln. Die Unterlage ist sandig und so ein mickriger Wagenheber ist nicht gerade das geeignete Werkzeug dazu. Ich könnte neben dem Track durch den Busch vorbeifahren und wäre dann wohl gleich bei den Löwen, aber ich sehe auch eine adrette Frau dabeistehen und der Gentleman in mir lässt mich anhalten.

Ich strecke den Kopf aus dem Fenster und frage: «Hallo zusammen, kann ich helfen?»

Sie lachen uns an und er antwortet: «Och! Wenn ihr einen bessern Wagenheber habt, als den hier, wäre das Klasse.»

Damit ist klar, die Löwen müssen sich gedulden bis wir kommen.

Wir steigen aus und stellen uns vor. Sie heisst Andrea und er Burkard und sie sind aus der Gegend um München. Es ist so um die 40 Grad im Schatten und sie stehen an der prallen Sonne. Das wird eine heisse Sache, im wahrsten Sinne des Wortes. Ob sie wissen, dass sich hier in der Gegend ein Löwenrudel aufhält?

Ich hole den «High lift Jack», unseren grossen Wagenheber. So ein Heber gehört eigentlich im Busch immer zur Ausrüstung. Er wiegt an die 20 Kilogramm, und nur schon das Herausnehmen treibt mir den Schweiss aus allen Poren.
Es ist lange her, seit ich so ein Ding benutzt habe, es war wohl 1998 in Australien, auf dem Weg zum Cape York. Wie es damals funktioniert hat weiss ich nur noch ungefähr, aber die Technik ist wohl auch nicht mehr wie vor zwanzig Jahren. Wir platzieren den Jack hinten am Fahrzeug auf der Standplatte. Der Hebefuss wird hinten unter Stossstange geschoben. Soweit so gut, wir finden den Hebel zum Einrasten und los geht's. Ein langes Rohr, wird an der Hebevorrichtung eingesetzt und nun genügt ein rauf und runter um das Fahrzeug anzuheben. Klick, klack, klick, klack, am Anfang geht das ganz leicht, aber dann wird es immer anstrengender. Das ganze Hinterteil wird angehoben, so dass man gleichzeitig beide Räder wechseln könnte. Plötzlich bewegt sich das Fahrzeug nach vorn und der Wagenheber wird sehr instabil. Leider hat Burkard nicht damit gerechnet, dass beide Hinterräder angehoben werden, und hat deshalb nur die Handbremse angezogen und keinen Keil unter die Vorderräder gelegt. Er hat auch den Allradantrieb nicht zugeschaltet und damit sind die Vorderräder nicht gebremst. Der Wagenheber steht schon gefährlich schräg und ich befürchte, dass er bald umfällt. Wir haben Glück und nichts passiert während Burkart das Rad tauscht.
Unsere besseren Hälften unterhalten sich derweil sehr gut. Ich hoffe, dass Beni dabei auch noch Zeit hat, die Umgebung zu beobachten. Es wäre ziemlich unangenehm, den gesuchten Löwen hier und jetzt unerwartet im Weg zu stehen.

Endlich ist es soweit. Das Rad ist festgeschraubt und, wenn wir wüssten wie, könnten wir das Fahrzeug wieder runterlassen. In solchen Situationen schaue ich mir in der Regel den Mechanismus etwas genauer an und überlege, wie er funktionieren könnte. Burkart ist eher für Try and Error. Er drückt da und dort herum, schiebt den Bolzen mal nach hinten, dann wieder nach vorn. Ich befürchte, dass er sich die Finger einklemmt und das Fahrzeug mit einem Knall runterfällt. Irgendwie schafft er es dann doch, das Gefährt einen Zacken nach unten zu bringen. Der Wagenheber steht immer schräger und ich denke mir, dass sich das Problem vielleicht schon bald von selber löst. Burkard arbeitet weiter am Mechanismus und es geht wieder einen Zacken nach unten. Ich bin am Hebel und er schiebt einen Bolzen vor und zurück, während ich das Fahrzeug anhebe und auf sein Kommando runterlasse. Wir schaffen es tatsächlich und bringen die Räder auf den Untergrund. Burkard hat noch alle Finger und das Fahrzeug keine Beule. Ein voller Erfolg, aber ich nehme mir vor, den «High lift Jack» bei nächster Gelegenheit genauer anzusehen und die Funktionsweise zu ergründen. So kompliziert, wie das heute gewesen ist, kann es doch wirklich nicht sein.

Wir erfahren, dass sie auch auf dem Weg nach 3-th Bridge sind und da übernachten werden. So verabreden wir uns auf ein Bier am Abend im Camp, verabschieden uns und nehmen die Pirsch nach den Löwen wieder auf.

Tatsächlich, einige Kurven weiter sehen wir zwei Fahrzeuge am Wegrand stehen. Da muss irgendetwas im Busch sein. Wir gesellen uns dazu und suchen die Gegend ab. Neben uns steht ein High Lux, ein Mädchen sitzt auf dem Fensterrahmen, nur die Beine sind im Fahrzeug.

Sie winkt uns zu und zeigt auf einen Busch ein paar Meter neben ihrem Fahrzeug. Nun sehe ich es auch. Ein Löwenbaby liegt im Gras und ein zweites steht gleich daneben. Das hohe Gras verdeckt die Tiere etwas, man sieht nur einen Teil der Köpfe und die Ohren. Das Kind im Fenster will noch näher ran und der Fahrer versucht es tatsächlich. Ich weiss nicht, wie blöd man sein kann. Da sind zwei Löwenkinder und die Mutter ist sicher nicht weit weg. Mit einem Kind ausserhalb des Fahrzeugs dahin zu fahren, ist sträflicher Leichtsinn. Es passiert glücklicherweise nichts und irgendwann fahren sie weg. Die Löwenkinder haben sich wohl doch etwas ungemütlich gefühlt und sind im Busch verschwunden. Wir bleiben noch ein Weilchen stehen und hoffen, dass das Rudel noch auftaucht. Leider ist das nicht der Fall und Beni kann sich auf der weiteren Fahrt wieder vollumfänglich dem Fotografieren widmen.

Auf dem Weg zum Camp passieren wir die zwei Brücken, die unter den Namen «1-th Bridge» und «2-th Bridge» bekannt sind. Es sind Holzbrücken ohne Zementfundamente, aus dünnen Baumstämmen gebaut. Auf den ersten Blick sehen sie nicht gerade vertrauenserweckend aus, aber es ist sehr zähes und gleichzeitig hartes Holz und dadurch sehr stabil. Neben den Brücken gibt es jeweils eine Fahrspur durch das Wasser. Um die Brücken zu schonen, werden sie gesperrt, sobald es der Wasserstand erlaubt, mit Allradfahrzeugen neben den Brücken durchzufahren

Kurz vor Mittag sind wir im Camp 3-th Bridge, melden uns bei der Rezeption und prüfen, ob die Buchung OK ist. Es scheint, dass Buschlore einen guten Job gemacht hat, man erwartet uns und wir sind willkommen. Zum Campen ist es noch viel zu früh und so fahren wir zur Mboma Bootstation, dem Ausgangspunkt für organisierte Rucksacktrips ins Delta. Der Weg dahin führt durch grosse Schilf- und Grasflächen. In der Ferne sehen wir eine riesige Rauchwolke, die sich auf uns zu bewegt und etwas besorgt fragen wir uns, ob es sich um einen Buschbrand handeln könnte. Unser direktes Umfeld ist ziemlich grün mit ein paar trockene Sträuchern und dürrem Gras. Kann das so brennen? Wir fahren zur Sicherheit noch etwas weiter, bis zu einer grünen Zone, halten an und beobachten das Schauspiel mit unseren Feldstechern. Wie wir nun genau sehen ist die «Rauchsäule» eine Windhose, die sich über

der heissen Savanne gebildet hat. Sie ist sicher hundert Meter hoch und hat unten einen Durchmesser von vier bis acht Metern. Nach ein paar Minuten fällt der Wirbel über einem kleinen See

in sich zusammen und der Spuk ist vorbei. Wir fahren weiter und sind kurz darauf an der Bootstation wo uns ein Ranger freundlich begrüsst: «Hallo, gehört ihr zur Gruppe die zur Insel will?»

«Nein, wir wollen nur kurz Rast machen und etwas Essen. Dürfen wir hier unter den grossen Bäumen rasten?»

«Sicher, das könnt und sollt ihr sogar. Es gibt hier viel Wild und auch Löwen sind in der Nähe und da ist es besser, ihr steigt hier aus dem Fahrzeug, als irgendwo da draussen. Im hohen Gras könntet ihr überrascht werden.»

Ich glaube zwar nicht, dass es so gefährlich ist wie er sagt, aber es ist schön hier im Schatten am See. Er macht uns sogar darauf aufmerksam, dass es hier eine richtige Toilette gibt, die wir benutzen dürfen.

Inzwischen ist es fast 45 Grad, wir essen Chips und trinken viel Wasser. Ich muss leider auf ein kühles Bier verzichten, weil das bei diesen Temperaturen nicht angezeigt wäre. Wir dösen ein bisschen vor uns hin und stehlen dem lieben Gott die Stunden. Da hören wir Motorengeräusche sowohl vom See her, wie auch vom Festland. Kurz darauf biegt ein Land Cruiser ein. Auf der Ladebrücke sind vier Reihen Bänke montiert und darauf sitzen sechs Rucksacktouristen. Sie steigen aus und warten auf das Boot, das sie zur Insel bringen wird auf der sie eine

Nacht im Busch verbringen werden. Neugierig kommt ein Pärchen zu uns herüber. «Seid ihr auch Touristen?», fragt er.

Ich lache: «Klar genau wie ihr, nur im gemieteten Fahrzeug.»

«Wo habt ihr denn das Fahrzeug gemietet?»

«In Johannesburg, bei Bushlore.»

«Wahnsinn! Seid ihr schon lange unterwegs und ganz auf euch gestellt im Busch?»

Im weiteren Gespräch erfahren wir, dass sie insgesamt zwei Wochen auf Tour sind. Sie kommen von Maun und waren vier Tage auf dem Land Cruiser mit dem Guide unterwegs. Nun steht die Nacht auf der Insel im Programm und morgen geht es dann weiter im Moremi Nationalpark mit Übernachtungen in privaten Camps für Backpacker. Diese Camps haben eine sehr einfache Infrastruktur mit Zelten für mehrere Personen, einer Buschküche und natürlich einer Toilette. Eine Dusche hat es meist auch, sie besteht in der Regel aus einem Kübel an dem unten eine Brause eingesetzt ist. Man füllt den Kübel mit kaltem Wasser, zieht ihn hoch und öffnet den Hahn. Erfrischend und absolut perfekt für das Buschabenteuer.

Nach der Fahrt zurück zur 3-th Bridge richten wir uns ein und da es jetzt nicht mehr so heiss ist, gehen wir Duschen bevor alle anderen Camper kommen. Im Gegensatz zu den Buschcamps für Backpacker gibt es hier richtige Duschen, sogar mit warmem Wasser. Bald darauf sitzen wir in unseren Campingsesseln und geniessen einen kühlen Drink. Wir sehen eine Gruppe Baboons, die auf Raubzug durch das Camp sind. Der Boss, ein richtig grosser Kerl, führt sie an. Hinter und neben ihm gehen die Weibchen und jungen Tiere. Er schaut die Dame neben sich an und spürt scheinbar ein Bedürfnis. Kurz entschlossen geht er zu ihr rüber, sie bückt sich und er springt auf. Porno im Camp, wo bleibt denn da der Anstand? Es ist kein langer Akt und die Bande zieht, nach Beute suchend, weiter. Bei uns bleiben sie stehen und checken die Lage. Ich weiss wie frech sie sein können und habe vorsorglich ein Steinschleuder auf dem Tisch bereitgelegt und nun tue ich so, als würde ich damit auf sie schiessen. Das genügt, der Alte und die ganze Bande sind sofort alarmiert und machen, dass sie schleunigst wegkommen. Nach einer

Weile kommen sie wieder vorbei, machen aber einen grossen Bogen um unseren Platz. Es sind schon sehr gelehrige Tierchen.

Inzwischen hat sich die Sonne zum Horizont gesenkt und wir geniessen unser Antipasto, das gestrige Ratatouille mit Thon angereichert.
Das Lagerfeuer wird heute nicht nur gebraucht um Raubtiere fernzuhalten, Beni startet auch den zweiten Versuch im Brotbacken. Diesmal kommt der Gusstopf nur am Rand in die Glut und wird regelmässig gedreht. Wir sind sehr gespannt, ob wir morgen zum Frühstück Brot und Käse oder wieder Müesli essen.

10. Xakanaxa

Zum Frühstück gibt es auch diesmal Müesli. Das Brot war zwar nicht mehr ganz Kohle, nur halb, aber leider nicht geniessbar für uns Menschen. Doch irgendwelche Tiere fanden es essbar. Wir hatten es aus dem Topf genommen und auf einen Stein neben das Feuer gelegt und heute Morgen war es weg.

Auf dem Weg aus dem Camp sehen wir Burkard und Andrea die gerade ihr Zelt abbrechen. Sie hatten sich gestern verspätet und sind erst beim Einnachten im Camp angekommen. Heute fahren sie auch nach Xakanaxa und wir vereinbaren einen neuen Termin für den Abend.

Kurz nach der Ausfahrt führt der Track zu einem Flussarm. Die Brücke die darüber geht ist allen Safaritouristen unter dem Namen «3-th Bridge» ein Begriff. Wenn es viel Wasser hat, wie jetzt, beginnt die Brücke erst in der Mitte des Flusses.

Vor der eigentlichen Brücke ist das Wasser heute maximal achtzig Zentimeter tief und der Untergrund ist fest, weshalb keine Gefahr besteht liegen zu bleiben. Kuppeln und Schalten ist im Wasser strikt verboten, deshalb kann man nicht einfach runterschalten, wenn die Räder durchdrehen sollten und das ist leicht möglich, wenn man eine grosse Welle vor dem Fahrzeug herschiebt. Zudem wird Wasser in den Motorraum gedrückt, was auch nicht unbedingt gewünscht ist. Deshalb ist es besser Vorsichtig zu sein und im Wasser sehr langsam zu fahren.

Nach der Durchfahrt entscheiden wir uns den Umweg über den Bodumatau Loop nach Xakanaxa zu nehmen. Es soll ein sehr schöner Track sein, der durch üppiges Buschland, mit vielen verschiedenen Vogelarten und Pflanzen führt. Beni ist ganz im Fotofieber und ich muss immer wieder anhalten damit sie ihr Teleobjektiv ruhig halten kann. Nach rund zwölf Kilometer stehen wir vor dem ersten kleinen See. Man sieht eine Fahrzeugspur reingehen und auch, dass sie am gegenüberliegenden Ufer wieder herauskommt. Wir haben eine Winde am Fahrzeug und Bäume hat es genug, so dass wir uns zur Not selber aus dem Sumpf ziehen könnten. Umfahren geht nicht und so fasse ich mir ein Herz und fahre in den See. Er ist nicht sehr tief, der Boden ist auch OK und bald geht's auf der vorgesehenen Route normal weiter. Nach nochmals zehn Kilometern kommt die nächste Überraschung. Diesmal ist es offenes Grasland und in der Mitte wieder ein See. Das gefällt mir gar nicht, denn Grasland bedeutet meist, dass der Untergrund schlammig ist und darin stecken zu bleiben ist der Alptraum eines jeden Offroaders. Besonders problematisch ist es dann, wenn keine Bäume in der Nähe sind, an denen man sich herausziehen könnte und genau das ist hier der Fall. Weit und breit kein Strauch, Busch oder Baum, an dem man ein Seil befestigen könnte.

Ein Blick auf die Karte zeigt, dass wir in etwa vier Kilometern wieder den offiziellen Track nach Xakanaxa erreichen werden. Sollen wir den ganzen Weg zurückfahren oder die Durchfahrt riskieren? Die Spur vor uns geht mitten durch die Grasfläche und auf der anderen Seite des Sees sehen wir sie herauskommen. Sollte es schiefgehen, stände viel Arbeit im Dreck an, aber ein anderes Fahrzeug ist ja durchgekommen, warum also sollte es unser Land Cruiser nicht auch schaffen? Wir entscheiden uns, hindurch zu fahren. Die Räder des letzten Fahrzeugs haben sehr tiefe Rillen hinterlassen und wenn wir sie noch tiefer machen, besteht die Gefahr, dass das Fahrzeug aufsitzt. Ich nehme deshalb nicht die Spur des Vorgängers, sondern beschliesse eine eigene, direkt daneben zu fahren. Mit etwas flauem Gefühl in der Magengegend fahre ich los. Beni's Bemerkung mit etwas zittriger Stimme: «Hast du alles reingehauen was du kannst?», zeigt mir, dass auch sie etwas Muffensausen hat.

Nach ein paar Metern wird es schon sehr tief, aber die Räder drehen glücklicherweise abwechselnd, aber nicht gleichzeitig durch. Langsam, für mich viel zu langsam, bewegen wir uns durch den Sumpf. Ich halte fast den Atem an, so angespannt bin ich und das Ufer ist immer noch mehr als zwanzig Meter weit entfernt. Wir schlingern und rutschen stetig etwas vorwärts und schaffen es endlich auf festen Boden. Das war ja ein Ding, so etwas möchte ich lieber nicht nochmal versuchen!
Gleich muss die Abzweigung zum Haupttrack kommen und tatsächlich sind wir nach ein paar Minuten da. Wir sehen die Tafel, die den Weg zur 3-th Bridge anzeigt, aber darunter hängt noch eine weitere Tafel mit kleinerer Schrift. Direkt davorstehend lesen wir: «Track nach Xakanaxa wegen Hochwasser geschlossen.»

Der Wegweiser in die andere Richtung zeigt 85 km nach South Gate. Was jetzt? Wir haben nur zwei Möglichkeiten. Zurück auf dem Pfad den wir gekommen sind oder zum South Gate und von da nach Xakanaxa. Inzwischen ist es ein Uhr und über South Gate müssen wir mit sechs Stunden Fahrt rechnen, was keine gute Option ist und so müssen wir wohl oder übel den gleichen Weg zurück.

Kurz darauf liegt wieder der See im Grasland vor uns. Obwohl es über 40 Grad heiss ist, ist er leider zwischenzeitlich nicht ausgetrocknet. Bevor wir uns wieder ins Abenteuer stürzen steige ich aus und gehe, rechts neben der Spur, in die Grasfläche, um zu erkunden, ob es da vielleicht eine sicherere Variante gäbe.

Aus Erfahrung von früheren Reisen weiss ich, dass vermeintlich trockener Boden nicht unbedingt besser zu befahren ist. In Salzseen ist die trockene Kruste meist nicht sehr dick und zu Fuss hat man das Gefühl auf Beton zu gehen. Wird diese Kruste aber durch ein Fahrzeug belastet, kann sie brechen und man sinkt sofort bis zu den Achsen in den Schlamm.

Das Stück offenes Wasser scheint auf der alternativen Route wesentlich kürzer zu sein, aber wann wir einbrechen und wie tief es danach sein wird, kann ich nicht feststellen. Ich entscheide mich trotzdem für den neuen Weg. Die Gräben, die unser Vorfahrer und wir hinterlassen haben, sind mir einfach zu tief und eine neue Spur am gleichen Ort zu fahren ist möglicherweise riskanter. Mit unserem Notnagel, dem Satellitentelefon, könnten wir Hilfe anfordern und würden es überleben auch wenn es einen Tag dauern sollte, bis jemand kommt.
Los geht's. Zunächst ist alles OK, die Räder bleiben auf der trockenen Graskruste, aber dann, deutlich spürbar, bricht die Kruste und wir finden uns einen Stock tiefer im Schlamm. Glücklicherweise kommt das Fahrzeug nicht zum Stehen und wir wühlen uns Zentimeter um Zentimeter vorwärts. Jeden Moment erwarte ich das Ende der Fahrt, aber wir geben alles. Wie Kinder versuchen wir, mit unseren Körpern anzugeben und mit lauten «Go! Go! Go!» das Fahrzeug zu motivieren. Es geht und geht kaum vorwärts, aber wir halten auch nicht an. Nach einer gefühlten Ewigkeit wird das Fahrzeug schneller und wir erreichen festen Grund. Kurz anhalten, durchatmen und etwas trinken, es ist geschafft! Der Blick zurück zeigt die tiefen Furchen, die wir gezogen haben und in die nun das Wasser fliesst.

Auf dem weiteren Weg zu unserem nächsten Camp verlassen wir den Haupt-track schon bald wieder. Eine Tafel weist den Weg zum Hypo-Pool und das möchten wir gerne sehen. Es sind nur ein paar Kilometer dahin und bald stehen wir vor einem grösseren See. Am Ufer steht so etwas wie ein Hochsitz, auf den man steigen kann. Von da oben sehen wir viele Hypos, die in Gruppen zusammen sind.

Wir sind, trotz aller Umwege und Wasserdurchfahrten, am frühen Nachmittag im Xakanaxa Camp. Unser Platz Nr. drei befindet sich direkt neben dem Toilettengebäude, was auf diesem Campingplatz ein grosser Vorteil ist. Es gibt zwei solche Gebäude im Camp, aber nur das erste ist in Betrieb und die einzelnen Stellplätze verteilen sich über rund einen Kilometer dem Schilf entlang. Am weitesten entfernt ist der Platz sieben und den haben Andrea und Burkhard zugewiesen bekommen. Von da zur Toilette sind es fast zehn Minuten zu gehen und da man in der Dämmerung und nachts nicht unbedingt so lange Wege zurücklegen sollte, planen wir, unseren Standplatz mit ihnen zu teilen.

Ein Bulle hat meist ein Harem um sich, den er mit allen Mitteln verteidigt. Ein anderes Männchen und sei es noch so klein, wird sogleich eliminiert. Das trifft auch die eigenen Babys. Gebärt eine Hypodame einen Jungen, versucht sie mit ihm sofort die Herde zu verlassen und sich weitab mit dem Baby zu verstecken. Gelingt das nicht, ist das Junge dem Tode geweiht. Sobald der Bulle merkt, dass da ein möglicher Nebenbuhler geboren wurde, bringt er ihn um.

Ganz allgemein gilt, wehe dem, der ihnen zu nahekommt. Egal, ob Mensch oder Tier, da wird kurzen Prozess gemacht. Es ist eines der gefährlichsten Tiere in Afrika und jedes Jahr sterben viele Menschen, weil sie ihnen mit ihren kleinen Booten zufällig zu nahegekommen sind.

Da wir für heute genug unterwegs waren, bauen wir das Dachzelt auf und richten uns ein. Dabei werden wir von einem Elefantenbullen genau beobachtet, der keine dreissig Meter neben unserem Platz Äste vom Baum reist und sie mit dem Rüssel durchs Maul zieht. Die kleinen Zweige und Blätter die er abgestreift hat verschlingt er genüsslich. Wir erkennen den Bullen an seinem halb abgebrochenen Stosszahn. Er war letztes Jahr auch da und hatte uns damals einen gehörigen Schrecken eingejagt, als er sich, erst ein paar Meter von uns weg, doch noch entschied, nicht zwischen den Fahrzeugen hindurch über Tische und Stühle, sondern aussenherum im Schilf zu verschwinden.

Alles ist aufgebaut, Beni und ich sitzen gemütlich in den Campingsesseln und geniessen den Schatten unter den Bäumen. Ich blättere in den Unterlagen, die ich von Bushlore in Johannesburg bekommen habe und suche nach dem Voucher für «Khwai», unserer nächsten Station übermorgen. Leider ist keiner da, dafür einer für das «Kaziikini Camp» und das liegt sechzig Kilometer südlich von uns. Da sind zwei Nächte gebucht, aber von da müssten wir dann die Strecke nach Linyanti in einem Stück durchfahren. Das wären 170 Kilometer Buschpisten, für die man gut und gern zehn bis zwölf Stunden brauchen würde. Wie kann so etwas nur passieren? Ich hole die Papiere hervor, die Bushlore mir in die Schweiz geschickt hat und da finde ich den Voucher für «Khwai» sofort. Was soll nun geschehen? Einfach nach Khwai fahren und so tun als wäre alles Ok oder bei Bushlore anrufen? Ich entscheide mich, bei Bushlore anzurufen und nachzufragen, was da los ist. Das

Satellitentelefon habe ich bisher noch nie benutzt und das ist die Gelegenheit, es auszuprobieren. Nach dem Einschalten tut sich leider nicht viel. Im Display steht: «Satelliten werden gesucht.» Nach einiger Zeit wird es mir zu bunt und auf gut männliche Art, lese ich die Betriebsanleitung erst nachdem etwas nicht so funktioniert wie erwartet, und da finde auch prompt die Erklärung. Da steht: «Sie müssen sich in offenes Gelände, mit freiem Blick zum Himmel begeben.» Super, es ist Mittag und die Sonne brennt direkt von oben. Hier unter den Bäumen ist es 43 Grad und ich muss an die pralle Sonne, um zu telefonieren. Ich stülpe mir den Tropenhut auf den Kopf und gehe auf einen Platz mit Sicht zum Himmel. Nach kurzer Zeit habe ich tatsächlich einen Satelliten eingefangen und kann die Nummer von Bushlore wählen. Nach ein paar Klingelzeichen meldet sich tatsächlich jemand und ich werden mit der richtigen Stelle verbunden. Nun versuche ich der Dame zu erklären, was mich bewegt. Der Empfang ist lausig und es dauert einige Zeit, bevor sie weiss wer ich bin und was mein Problem ist. Inzwischen läuft mir der Schweiss aus allen Poren und das Papier in der Hand löst sich langsam auf. Ich gehe etwas in den Schatten, aber sofort wird es still im Hörer und auf dem Display steht: «Satellit lost». So ein Mist, sie hat mich endlich verstanden und nun beginnt das Spiel von vorne. Ich gehe zurück zum Wagen und genehmige mir nochmal einen kühlen Drink. Frau Boile, so heisst die Dame von Bushlore, kann ja inzwischen mal nachschauen wo das Problem liegt.

Nachdem ich mich etwas abgekühlt und den Durst gelöscht habe, nehme ich den nächsten Anlauf, werde direkt Verbunden und diesmal weiss sie auch gleich Bescheid, worum es geht. Sie kann mir aber nicht helfen, denn gemäss ihren Unterlagen soll der Voucher für Khwai ausgestellt worden sein und nicht für Kaziikini. Ich bin etwas sauer und gehe wieder in den Schatten. So muss ich mich nicht bedanken und das Telefon wird automatisch unterbrochen. Wir werden also nach Khwai fahren und so tun, als wäre alles OK. Falls es ein Problem geben sollte, werden wir schon irgendwie eine Lösung finden.

Beni und ich besprechen gerade den Vorfall, als vier Fahrzeuge in unseren Platz einbiegen. Wohin wollen die wohl? Eine etwas korpulente Dame entsteigt dem ersten Fahrzeug und kommt zu uns herüber.
«Guten Tag, was machen sie hier?», fragt sie mich.
«Guten Tag, wie sie sehen campen wir hier.»
Sie ziemlich sauer: «Das kann nicht sein, wir haben den Platz zugewiesen bekommen und zwar schon vor fast einem Jahr.»
«Schon möglich, aber wir auch. Wollen sie die Bestätigung sehen?»
Ziemlich schnippisch: «Ja, zeigen sie her!»
Ich gehe zum Fahrzeug und hole die Unterlagen mit der Bestätigung.
«Hm, ja, aber das kann nicht sein. Wir sind vier Fahrzeuge mit Zelten und ich habe alles organisiert. Dieser Platz Nr. 3 und der nebenan, die Nr. 4, wurden uns zugeteilt, weil da vier Fahrzeuge Platz haben.»
Beni und ich haben wenig Lust, nochmals alles abzubauen und irgendwo im hinteren Teil des Campingplatzes zu landen. Ich bin der Meinung, dass auf den beiden Plätzen drei und vier auch sechs Fahrzeuge gut Platz finden und wir dann da, wo wir sind, bleiben können. Die Organisatorin der Reise aus Südafrika ist damit gar nicht einverstanden und will unbedingt diese beiden Plätze für sich und ihre Gäste alleine haben.

Nun kommt der Ranger dazu und versucht zu vermitteln. Ihm ist klar, dass bei der Reservation in seiner Organisation etwas schiefgegangen ist und wir irgendwie einen Kompromiss finden müssen, aber die «nette» Dame besteht darauf, sie will auf jeden Fall die Plätze drei und vier. Genauso wenig wollen Beni und ich zuhinterst auf den Platz sieben. Nach längerer, angeregter Diskussion finden wir dann doch noch eine Lösung. Die Reisegruppe der Südafrikanerin erhält unseren Platz drei, der gross genug ist für vier Fahrzeuge mit Zelten und wir ziehen um auf Platz vier, auf dem wir uns dann zusammen mit Andrea und Burkhard einrichten können.

Wir sind gerade beim Umziehen, da kommen Andrea und Burkard angefahren. Wir erklären ihnen die Situation und dass nun der Platz vier für die nächsten zwei Nächte unser Standplatz ist. Keiner aus der

Reisegruppe, die nun unseren Platz bekommen haben, hilft beim Umzug. Sie schauen uns nur zu und finden es lustig zu sehen, wie ein offenes Dachzelt auf Reisen geht.

Wir verbringen einen gemütlichen und schönen Abend mit den beiden aus München. Nach dem Nachtessen sitzen wir noch einige Zeit ums Lagerfeuer und erzählen uns von den Erlebnissen dieser Reise und was wir sonst so machen, wenn wir nicht gerade in Afrika unterwegs sind. Die Südafrikaner haben ein grosses Feuer gemacht und überall Lichter aufgestellt. Es sieht schon fast aus wie auf einem Jahrmarkt und auch der Lärm passt dazu. Ich glaube nicht, dass sich irgendwelche nächtlichen Besucher in die Nähe trauen und so können wir getrost auch bei Nacht noch zur Toilette. Eine kleine Überraschung erleben wir dann doch noch. Auf dem Pfad dahin sehen wir Im Strahl unserer Stirnlampen eine Schlange. Sie ist an die vierzig Zentimeter lang, mit schwarzen und weissen Ringen. Sie bewegt sich nicht und scheint keine Lust zu haben, uns anzugreifen. Auf dem Weg zurück ist die Schlange immer noch an derselben Stelle. Möglicherweise ist sie tot, aber wir gehen vorsichtig vorbei und warnen unsere Nachbarn, die sich gerade auf den Weg zur Toilette machen. (Später lesen wir im Buch, dass es sich dabei um eine giftige Art handelt, die aber nicht zu den gefährlichsten Schlangen Afrikas gehört.)

Da es sehr heiss war, haben wir das Zelt nach dem Einnachten geöffnet, um es etwas durchzulüften. Wir klettern hoch in unser Zelt und sind sehr erstaunt, wie viele tausend kleine Mücken sich hier zur Paarung oder zu weiss der Teufel für was, eingefunden haben. Bevor wir rein können, müssen wir etwas Gift sprühen und bis das seine Wirkung tut, warten wir am Lagerfeuer und trinken noch ein Glas Rotwein. Nach einer Weile versuchen wir es nochmals. Es ist ruhig geworden im Zelt, die Mücken liegen jetzt wie ein Teppich auf den Schlafsäcken und Kissen. Wir schalten die Lampen sofort aus, um nicht weitere Viecher anzulocken und schütteln die Leichen aus dem Zelt. Im Finstern lässt sich nicht kotrollieren, ob alles ausgeräumt ist, aber wir nehmen an, dass, falls noch vorhanden, die toten Mücken uns nicht stechen werden. Es ist immer noch sehr warm und so legen wir uns auf das Betttuch und schieben die Schlafsäcke an den Rand. Die Horde Südafrikaner hat die Festbeleuchtung an und sorgt damit dafür, dass sich die fliegenden Plagegeister zu ihnen gesellen und wir nicht mehr von Mücken belästigt werden.

Wir haben mit Andrea und Burkard abgemacht, zusammen eine Boots-fahrt in der Xakanaxa Lagoon zu machen. Um acht fahren wir los. Unter der Dachplane des Bootes gibt es nur wenig Schatten, dafür kühlt der Fahrtwind sehr angenehm, aber die Tierwelt scheint um diese Zeit irgendwo im Schatten zu schlafen. Auf der Rückfahrt sehen wir zwei Elefanten, die im Schilf stehen und Grasbüschel mit Wurzeln aus dem Boden reissen. Mit schütteln und schwingen befreien sie die Büschel von Erde und Wasser, danach verschwinden sie im Maul.

Wir machen Siesta im Camp und fahren dann so um vier Uhr los. Unterwegs halten wir Ausschau nach anderen Fahrzeugen die vielleicht irgendwo stehen und uns damit zeigen, dass sie Tiere gesichtet haben. Besonders interessant sind Guides mit Passagieren auf der Ladebrücke. Die sind meist mit Funkgeräten ausgerüstet und informieren sich gegenseitig wo und was gerade zu finden ist. Nicht lange, da sehe ich einen Land Cruiser mit Besuchern direkt vor uns. Er fährt auf den verschlungenen Tracks kreuz und quer durch den Busch in Richtung Xakanaxa Lagoon und wir folgen ihm. Nach einer Weile kommen wir zu einem Bach und sehen, wie er da hindurch fährt. Der Bach ist nicht breit, scheint aber tief zu sein und die Böschungen auf beiden Seiten sind ziemlich steil. Ich denke mir: «Wenn der durchkommt, klappt das bei uns sicher auch» und los geht's. Runter ist kein Problem. Es ist wirklich ziemlich tief und das Wasser schwappt kurz über die Kühlerhaube. Mitten im Bach liegt ein Baumstamm, über den wir fahren müssen, und daran bleibt unsere Anhängerkupplung hängen. Mit viel Gerumpel und durchdrehenden Rädern ziehen wir den Stamm mit uns die Böschung hoch. Oben angekommen hängt sich der Stamm wieder aus und rollt zurück ins Wasser. Wir schauen nochmal zurück in den Bach und erst jetzt sehen wir das Krokodil, das nur ein paar Meter von uns entfernt im Bach liegt. Es ist etwa zwei Meter lang, aber so gut getarnt, dass wir es nicht gesehen haben, obwohl wir es fast überfahren hätten.

Mit diesem Zwischenfall haben wir den Anschluss an den Toyota verloren und sind nun auf uns alleine gestellt, einen Weg durch den Busch zu finden. Nach mehreren Gabelungen und Kreuzungen stehen wir an einem grossen See und sehen am gegenüberliegenden Ufer den Toyota, dem wir gefolgt sind.

 Im See sind einige Hypofamilien. Jeder Bulle hat ein paar Damen und ein paar Junge dabei. Wir schauen ihnen etwas zu und essen eine Kleinigkeit, bevor wir uns auf die Suche nach dem Rückweg machen. Es ist gar nicht so einfach hier raus zu kommen, immer wieder versperrt uns Wasser den Weg und wir müssen umkehren. Doch dann kommt uns die Gegend etwas bekannter vor und tatsächlich, wir stehen vor dem Bach mit dem Baumstamm. Das Krokodil ist nicht mehr zu sehen und wir fahren wieder mit viel Radau durch.

Im Camp, schaue ich mir die Anhängevorrichtung etwas genauer an und bin der Meinung, dass sie ganz einfach abmontiert werden kann. Ein Sicherungsbügel hält einen Bolzen in Position. Wenn der raus ist, müsste sich die Kupplung herausziehen lassen. Ich hole den Werkzeug-kasten und ziehe mit der Zange den Bügel heraus. Der Bolzen bewegt sich etwas, klemmt aber dann doch sehr, dass ihn mit dem Hammer herausschlagen muss. Nun müsste die Kupplung herausgezogen wer-den können. Müsste, denn auch mit vereinten Kräften und lautem Schimpfen will sich das Ding nicht bewegen. Auch Schläge mit dem Hammer helfen nicht, die Kupplung will nicht raus, so gebe ich ent-täuscht auf.

Während ich mit der Anhängerkupplung beschäftigt war, hat Beni das Brot vorbereitet. Es soll natürlich wieder im Gusstopf, aber kontrolliert auf dem Grill und nicht in der Glut gebacken werden. Dass das funkti-oniert, muss ich Feuer machen und den grossen Grill, der zur Camper Ausrüstung gehört, vom Fahrzeug holen. Der leere Topf wird im Feuer aufgeheizt, dann legt Beni den Teig hinein und auf den Topf der umge-drehte Gussdeckel. Das Ganze wird auf den Grill gestellt und Beni holt mit der Zange glühende Kohle heraus und legt sie auf den Gussdeckel. So soll die gewünschte Ober- und Unterhitze entstehen. Ob das wohl diesmal etwas wird?

Heute Abend essen wir gemeinsam mit unseren deutschen Freunden. Zwar kocht sich jeder sein Nachtessen selber, aber wir sitzen gemein-sam am Tisch und tauschen unsere Buschspezialitäten aus. Das Brot von Beni sieht nach rund vierzig Minuten wirklich gut aus. Es ist diesmal nicht schwarz, aber die Kruste ist ziemlich hart geworden. Innen drin ist es ein richtiges Brot, sehr luftig und es schmeckt ausgezeichnet.

Die Spezialität von Burkard soll heute ein glutgerösteter Butterkürbis sein. Dafür wickelt er ihn in mehrere Lagen Alufolie und legt ihn für eine Stunde ins Feuer. Vor uns steht ein grosser Topf mit Älpermakka-ronen, die Beni gekocht hat und ein Topf mit Spagetti von Andrea. Dazu hat Beni geröstete Zwiebeln aus der Schweiz mitgebracht und ich trage mit einem Stück Filet zum Festschmaus bei. Den Butterkürbis wollen wir dann natürlich auch noch irgendwann versuchen, aber das dauert halt noch.

Irgendwann sind wir alle satt und zufrieden, wir plaudern über Gott und die Welt und keiner denkt mehr an den Kürbis in der Glut. Nach zwei oder drei Stunden erinnert sich Burkard, dass da doch noch etwas war. Es ist nicht ganz einfach den Butterkürbis zu finden, denn während wir so am Tisch sassen haben wir immer mal wieder etwas Holz nachgeschoben, damit das Feuer im Gang bleibt. Nach einem Weilchen wird er fündig und holt das, was vom Kürbis übrigblieb, aus dem Feuer. Die Folie ist noch unversehrt, aber der Inhalt ist inzwischen leider ein Stück Kohle.

11. Khawi, Moremi North-Gate

Wir sitzen gegen acht gemeinsam beim Frühstück. Das Brot von Beni ist trotz harter Kruste wirklich gut und es ist schade, dass wir nun wissen wie es geht, aber leider keine Zutaten für weiteres Brot vorhanden sind. Nach dem Frühstück, ich muss das erwähnen, haben Andrea und Beni den Abwasch ganz alleine gemacht. Burkard und ich haben uns währenddessen über unsere GPS-Gräte ausgetauscht. Dass wir Männer uns nicht am Abwasch und Aufräumen beteiligt haben, war natürlich nicht gewollt, wir hatten einfach wichtigeres zu tun.

Von nun an trennen sich unsere Wege im Okavangodelta und so verabschieden wir uns kurz vor neun. Sie fahren direkt weiter über Savuti nach Kasane und wir machen Station in Khwai und danach in Linyanti, bevor wir dann auch irgendwann nach Kasane kommen.

Es sind nur 42 Kilometer nach Khwai, wir können uns viel Zeit nehmen und kreuz und quer durch den Busch fahren. Wir sehen vielen Antilopenarten, Zebras, Elefanten und in den kleinen und grösseren Seen viele Hypos. Auch die Vogelwelt ist phantastisch vielfältig. Wir können einen King-Fischer beobachten, wie er auf einem Ast über dem Wasser sitzend aufmerksam nach kleinen Fischen Ausschau hält. Plötzlich hebt er ab und sticht wie ein Pfeil hinunter ins Wasser. Kurz darauf taucht er mit einem zappelnden Fisch im Schnabel wieder auf und fliegt davon.

Auf dem Weg zurück von einem kleinen See sehen wir, direkt vor uns, ein Tier aus dem Busch kommen. Ist es denn die Möglichkeit? Es ist wirklich ein Leopard. Er geht ein paar Meter vor uns her, schaut zu uns zurück und trottet rechts in den Busch. Es geht alles sehr schnell, doch Beni hat genauso schnell die Kamera im Anschlag und fotografiert wild drauflos. Die Bilder sind leider nicht sehr gut geworden, aber sie beweisen doch, dass wir tatsächliche einen Leoparden vor uns hatten.

Am Eingang zum Khawi Camp hängt eine Tafel, auf der alle Sichtungen von Löwen, Leoparden und Geparden eingetragen werden. Mit Stolz zeigt Beni dem Ranger die Bilder und die Sichtung wird auf der Liste erfasst. Wir hatten wirklich Glück, in den letzte Tagen hat niemand einen Leoparden gesehen.

Wir wollen uns gerade am Camp Eingang anmelden, da fährt ein anders Fahrzeug heran und jemand ruft: «Hallo, was macht ihr denn da?» Es sind Burkard und Andrea, von denen wir uns vor ein paar Stunden verabschiedet hatten. Wir erzählen uns die neusten Beobachtungen und auch wie es so gelaufen ist seit wir uns heute Morgen verabschiedet haben. Dabei komme ich auf die Anhängerkupplung zu sprechen, mit welcher wir immer wieder aufschlagen. Burkard und ich schauen uns die Sache nochmals genauer an und da kommt mir die grandiose Idee.

Burkard hat auch eine Winde am Fahrzeug und damit hätten wir möglicherweise genug Kraft, die feststeckende Kupplung heraus zu ziehen. Er findet die Idee super und würde auch gerne mal die Winde ausprobieren. Gesagt getan, wir fahren etwas vom Eingang weg, in den Schatten der Bäume. Ich ziehe den Splint und danach den Bolzen heraus. Wie erwartet bewegt sich die Kupplung keinen Millimeter und so kommt nun die Winde in Aktion. Unsere Frauen stehen daneben und sind wie immer, wenn Männer einen Versuch machen, sehr, sehr skeptisch und ängstlich, dass etwas passieren könnte. Im Gegensatz dazu sind wir auf die Sache konzentriert und arbeiten in Ruhe. Burkard hängt den Haken an die Kupplung, und zieht mit der Winde. Das Stahlkabel spannt sich und es geschieht ……., vorerst gar nichts. Die Kupplung bewegt sich nicht und mit etwas mehr Zug bewegen sich die Fahrzeuge, trotz blockierten Rädern, ganz langsam aufeinander zu. Da sich ausser den Fahrzeugen nichts bewegt, müssen wir aufgeben. Wir hängen das Seil aus und ich bücke mich, das erste Mal wirklich nach ganz unten, bis ich unter die Kupplung schauen kann. Ich weiss nicht was ich sagen soll? Was ich sehe, ist mir nun wirklich peinlich. Unter der Kupplung ist eine Sechskantschraube, mit der die Vorrichtung im Schaft zusätzlich gesichert ist. Ich glaube, es ist das Beste, wenn ich es dabei bewenden lasse und einfach schimpfend aufstehe.

Da höre ich Beni hinter mir: «Was ist los, hast du etwas gefunden?» Irgendwie hat sie mein Zögern gesehen, sie kennt mich nun ja schon über vierzig Jahre.

Wie ein ertappter Schuljunge antworte ich zerknirscht: «Ja, da ist eine Schraube, die möglicherweise gelöst werden könnte.....»

Der Werkzeugkasten liegt neben mir, ich klaube den passenden Schlüssel raus, löse die Schraube und ziehe die Kupplung locker heraus. Ich brauche nicht zu sagen, wie die holde Weiblichkeit reagiert hat. Auf jeden Fall hat Beni ein Argument mehr, wenn sie mich darauf hinweist, dass ich langsam alt werde.

Nachdem wir uns nochmals von den beiden verabschiedet haben fahren wir zurück zur Rezeption und melden uns an. Ich hole meinen Voucher von Khwai hervor, sie schaut ihn sich an und sucht in ihrem Computer nach unseren Namen. Eigentlich habe ich es fast erwartet, sie findet nichts, was irgendwie wie «Roos» klingt. Nun kommt ein sehr mühsames Prozedere, denn der Campingplatz ist ausgebucht. Schlussendlich weist sie uns einen Platz zwischen den offiziellen Standplätzen zwei und drei zu. Der Platz ist sehr klein, aber schön gelegen, direkt am Fluss unter grossen Bäumen. Eine abgeschnittene Tonne dient als Feuerstelle. Einen Wasserhahn, wie sonst üblich, suchen wir vergebens und die Toiletten sind ziemlich weit weg, aber damit können wir leben.

Gerade als wir auf den Platz fahren wollen sehen wir, dass auch ein anderes Fahrzeug reinfahren will. Etwas verwundert frage ich den Lenker: «Ist das wirklich der ihnen zugewiesene Platz?» Er schaut mich etwas zerknirscht an: «Das ist so eine Sache. Wir hatten eigentlich auf gestern gebucht, hatten aber auf dem Weg hierher ein paar Probleme und sind deshalb einen Tag zu spät hier. Da alles ausgebucht ist, hat uns die Rezeptionistin gesagt, wir sollen irgendjemand fragen, ob wir bei ihnen Übernachten dürfen. Das haben wir getan, leider hat uns der auf Platz zwei, gleich nebenan, abgewiesen und so haben wir gedacht, wir könnten diesen Platz nehmen, der keine Nummer hat.»

Ich kann es kaum glauben, der Platz zwei ist riesig gross und da hätten gut und gerne drei bis vier Fahrzeuge reingepasst. Wir waren nur etwas früher da als sie und hatten durch den Fehler von Bushlore auch keine Reservation. Wären wir etwas später gekommen, wäre uns wohl das Gleiche passiert. So gibt es für mich nur eine Antwort: «Ok, dann schauen wir, wie wir unsere beiden Fahrzeuge auf dem kleinen Platz aufstellen. Irgendwie wird es schon gehen und wir können den Feuerplatz gemeinsam nutzen.»

Es ist eine Familie aus Köln, Vater und Mutter mit Tochter und Sohn und sie sind froh, dass sie nun nicht weitere Camper fragen müssen. Nachdem sie sich eingerichtet haben, kommen Vater und Sohn zu uns herüber. Sie wollen morgen früh nach Savuti und einen Tag später nach Linyanti. Genau die Route, die wir auch geplant haben. Ich kenne den Track bis Savuti und weiss, dass er bis kurz vor Savuti OK ist, aber die letzten paar Kilometer sehr sandig sind. Nebenbei frage ich, wie der Reifendruck an ihrem Fahrzeug eingestellt ist. Sie schauen mich verwundert an und der Vater antwortet: «Ich weiss nicht, so wie wir das Fahrzeug von Bushlore übernommen haben.»

Eigentlich müsste er wissen, dass im Sand der Reifendruck reduziert werden muss. Ich gebe ein paar Tipps und erzähle ihnen, was uns ein alter Hase über die Strecke von Savuti nach Linyanti gesagt hat. Sie nehmen das gerne an und reduzieren sogleich den Reifendruck. In Savuti wollen sie sich beim Ranger näher über die Piste nach Linyanti informieren, bevor sie losfahren.

Wir sprechen auch kurz über den Treibsoff und den mutmasslichen Verbrauch bis zur nächsten Tankstelle. Der Vater rechnet seinem Sohn kurz vor: «Der Land Cruiser braucht so um die zwanzig Liter auf hundert Kilometer. Bis Savuti sind es 110 Kilometer, dann nach Linyanti 50 und bis Kasane nochmal 180. Das sind total etwa 340 Kilometer, so werden wir wahrscheinlich 70 Liter Diesel brauchen. Unser Tank fasst 160 Liter und ist noch gut halb voll. Das muss sicher reichen.»

Ich erkläre ihm, dass die Rechnung leider nicht ganz so einfach ist. Im tiefen Sand braucht ein Fahrzeug gerne mal zwanzig Liter in der Stunde und die Distanz, die man im Sand in einer Stunde zurücklegt, dürfte bei 15 bis 20 Kilometern liegen. Es kann deshalb gut sein, dass der Verbrauch auf fünfzig bis sechzig Liter pro 100 Kilometer steigt. Ich empfehle ihnen die Tanknadel genau zu beobachten und, wenn es eng werden sollte, vielleicht in Savuti zu versuchen einen Kanister Diesel aufzutreiben.

Am Abend, wir sind gerade beim Kochen, hören wir ein Zischgeräusch und gleich darauf aufgeregte Stimmen. «Was soll ich tun?» ruft einer. «Pass auf, geh weg!» ein anderer. «Ich hole einen Sack und werfe ihn darüber.»

Es scheint wirklich Panik ausgebrochen zu sein. Wir gehen um unser Fahrzeug herum und sehen das Problem. Ihr Gaskocher steht im Vollbrand, weil wohl jemand die «Kochplatte» nicht genügend fest angeschraubt hat. Bevor der Sohn mit dem Sack zurückkommt, ziehe ich meine Bauhandschuhe an und schliesse das Ventil der Flasche. Damit ist die Gefahr gebannt und nach dem Festziehen der Kochplatte ist alles OK. Sie bedanken sich herzlich und der Vater meint lachend: «Wir sind wirklich Green Hörner.»

Beni und ich sind nicht so müde und wir sitzen noch ein Weilchen am Feuer, trinken noch ein Glas und hören den Geräuschen zu, die uns umgeben. Im Fluss gleich vor uns sind scheinbar viele Hypos. Wir haben keine gesehen als wir gekommen sind, aber nun machen die Bullen ziemlich Lärm. Am Tag sind sie alle im Wasser, weil es ihnen an Land zu heiss ist. Der Durchgang zum Fluss, direkt neben uns, ist wahrscheinlich ein Pfad zu ihren Weidegründen, die sie in der Nacht aufsuchen. Die Tiere sind an Land nicht so gefährlich, sie greifen nur an, wenn man ihnen den Weg zur Familie oder zum Wasser abschneidet. Wie immer im Busch ist es auch hier besser, nachts nicht mehr aus dem Zelt zu gehen. Wir räumen heute alles weg, um den Durchgang nicht zu versperren, putzen die Zähne und verkriechen uns dann auch im Zelt.

Die Hypos waren die ganze Nacht damit beschäftigt, ihr Territorium zu markieren, dann schrien irgendwo Hyänen oder es bellten Hunde im Dorf gegenüber dem Fluss. Zu guter Letzt schienen auch die Affen ein Problem zu haben, denn auch sie stimmten ab und zu ein lautes Gezeter an. Im Morgengrauen kamen dann noch die Vögel dazu und nun, nachdem wir aufgestanden sind, ist alles um uns sehr ruhig.

Wir wollen noch Diesel nachfüllen, solange es noch kühl ist und dann auf die Pirsch gehen. Die Leiter ist eine Hilfe, aber sie ist nicht so hoch, dass ich an die Schrauben komme, die die Kanister halten. Beni hält die wacklig stehende Leiter, bis ich oben auf dem Gepäckträger bin. Nachdem die Schrauben gelöst sind kann ich die Behälter hinunter reichen. Die Dinger sind ziemlich schwer und ich muss mich auf den Bauch legen, dass Beni sie zu fassen kriegt. Drei Kanister wollen wir einfüllen und so sind wir schon ziemlich angeschlagen als die Kanister unten sind. Jetzt kommt die nächste Anstrengung, das Einfüllen in den Tank. Dazu haben wir einen Trichter mit beweglichem Schlauch in der Ausrüstung gefunden. Ich weiss nicht warum, aber im Trichter ist ein feines Sieb und das verhindert, dass der Diesel schnell in den Tank fliesst. Das lange Halten lässt die Muskeln verkrampfen und ich muss mehrmals neu ansetzten. Ich wünsche niemandem etwas Schlechtes, aber der, der diesen Trichter erfunden hat sollte ein Leben lang, jeden Tag ein paar Kanister mit damit einfüllen müssen. Nach einer halben Stunde, mit schmerzenden Muskeln und Krämpfen in den Armen ist es endlich geschafft und die sechzig Liter sind im Tank. Der letzte Kanister soll als eiserne Reserve bis zum Schluss der Reise oben bleiben.

Der Campingplatz gefällt uns nicht sonderlich. Der Lärm während der letzten Nacht, der lange Weg zum Toilettenhäuschen, das eingeklemmt sein zwischen zwei Standplätzen und ohne Wasseranschluss, ist nicht unbedingt das, was wir uns wünschen. Mit dem Satellitentelefon rufe ich das Camp in Savuti an, muss aber erfahren, dass auch da alle Plätze ausgebucht sind. So bleibt nur der Versuch bei der Rezeption von Khawi, einen anderen Standplatz zu bekommen. Doch auch da erhalte ich eine abschlägige Antwort und wir können froh sein, dass wir auf unserem Platz bleiben können.

So machen wir uns auf die Pirschfahrt und sehen wie gestern viele Elefanten, Antilopen, Hypos und Vögel.

Am Abend sind wir allein auf unserem Zwischenplatz und auch nebenan auf dem grossen Platz ist niemand. Möglicherweise hat da wieder eine Buchung nicht geklappt oder jemand hatte Probleme, wie unsere Nachbarn gestern. Es wird ein ruhiger Abend, die Hypos scheinen umgezogen zu sein, die Affen sind wohl auch weiter weg und so hören wir diese Nacht nur ab und zu das Gebell der Hunde vom nahen Dorf.

12. Linyanti

Heute wollen wir früh aufbrechen und die Vögel scheinen das zu wissen. Das Gekrächze, Pfeifen und Gurren holen uns rechtzeitig aus dem Schlaf. Beni liegt ganz auf meiner Seite und das, obwohl ich das Fahrzeug so gestellt hatte, dass sie leicht unten liegt, aber warum liege ich nun unten? Wir klettern raus und sehen, dass der linke Vorderreifen platt ist. Mit der frühen Abreise wird es wohl nichts, das Rad muss gewechselt werden. Zuerst gibt es aber Frühstück und während Beni mit der Zubereitung beschäftigt ist, hole ich schon mal den High Lift Jack hinter den Sitzen hervor. Ich hatte mir vorgenommen, den Mechanismus zu studieren und dazu habe ich jetzt Gelegenheit.

Nach dem Frühstück machen wir uns an die Arbeit. Es ist wirklich ganz einfach und ungefährlich, wenn die Räder blockiert sind und der Mechanismus des Wagenhebers richtig eingesetzt wird. Kraft braucht es aber trotzdem, die Schrauben sind kräftig angezogen und die Räder verdammt schwer. Zum Glück ist es früher Morgen und die Temperatur angenehm, so dass wir danach nicht Schweissgebadet losfahren müssen.

Der Track biegt gleich nach dem Gate in die breite Transitstrasse ein, die Maun mit den Dörfern im Delta verbindet. Gleich hinter dem ersten Dorf, das wir passieren, liegen Baumstämme und Steine mitten auf der Fahrbahn und auf einer Tafel steht: «Gesperrt». Vorsichtig fahre ich noch etwas weiter und sehe dann, dass die Strasse in einem Flussarm verschwindet und auf der anderen Seite wieder herauskommt. Die Baumstämme und die Tafel sollen wohl darauf aufmerksam machen, dass die Furt momentan unpassierbar ist. Ich drehe um und suche nach irgendeinem Hinweis für eine Umleitung. Da sehe ich ein Fahrzeug von links aus dem Gebüsch kommen. Es ist ein sehr schmaler Pfad und ich halte an und frage den schwarzen Fahrer, ob das der Track nach Savuti sein könnte. Die Antwort ist kurz und knapp: «Ja» und schon fahren sie davon.

Wir biegen auf den Buschpfad ein und stehen kurz darauf wieder am Wasser. Der Fluss ist etwa gleich breit wie bei der offiziellen Furt. In der Mitte steht ein Baum im Wasser und auf der dem gegenüberliegenden Ufer sehen wir Fahrzeugspuren im Busch verschwinden. Auf unserer Seite ist die nasse Fahrspur des Fahrzeugs zu sehen, das uns entgegengekommen ist. Ein Baum steht mitten im Wasser und es sieht aus, als wäre das Fahrzeug links daran vorbeigefahren.

Was nun? Eine Regel lautet: «Wenn du vor Wasser stehst und nicht genau weisst, wo durchfahren, dann gehe zu Fuss hindurch oder warte, bis ein anders Fahrzeug durchfährt.»
Zu Fuss möchte ich es nicht wagen und auch Beni ist nicht dazu zu bewegen. Es gibt hier verschiedene Tiere, denen man im Wasser besser nicht begegnet. So bliebe eigentlich nur die Variante Warten, aber wir sind schon etwas spät dran, weshalb ich für die Durchfahrt ohne «Netz» votiere. Auf der anderen Seite stehen ein paar Bäume, an denen wir uns zur Not mit der Winde herausziehen könnten. Beni ist nicht so erfreut, entscheidet sich aber trotzdem mitzukommen.

Ich wähle die vorsichtige Variant, schalte die Untersetzung ein und fahre im zweiten Gang sehr langsam ins Wasser und links am Baum vorbei. Auf einmal geht es runter, nicht langsam, sondern mit einem richtigen Plumps.
Mit einem Mal ist das Wasser über der Kühlerhaube und schwappt in die Lüftungsschlitze. Wie tief geht es noch runter? Geht es wieder bergauf, bevor die Elektrik des Fahrzeugs streikt? Nun fallen auch die Hinterräder ins Loch und ich denke schon: «Das wars wohl!»
Da beginnt zum Glück schon der Aufstieg. Die Nase taucht aus dem Wasser auf und kurz darauf kommt auch der hintere Teil des Fahrzeugs aus der Badewanne heraus. Wir fahren ans Ufer und in dem Moment kommt uns aus dem Busch ein Safarifahrzeug mit Gästen entgegen. Ich habe selten einen Fahrer gesehen, der so verwundert ausgeschaut hat. Er kennt den richtigen Weg und fährt locker auf der anderen Seite um den Baum durchs Wasser, wo es nie tiefer als fünfzig Zentimeter ist.

Mir ist immer noch etwas flau im Magen. Wären wir da stecken geblieben, weiss ich nicht, ob unsere Winde auch unter Wasser funktioniert hätte. Ganz zu schweigen davon, dass die Rettungsaktion in metertiefem Wasser hätte vollzogen werden müssen. Etwas Glück gehört halt immer auch dazu und ich hoffe sehr, dass wir den Glücksbonus damit nicht ganz aufgebraucht haben. Auf jeden Fall nehme ich mir vor, künftig die Wasserdurchfahrtsregeln besser zu beachten, auch wenn die Zeit drängt.

Zurück auf der breite Transitstrasse biegen wir schon bald links in den Track zum Chobe Nationalpark ein. Auf diesem Teilstück hatten wir letztes Jahr einen Leoparden auf einem Baum entdeckt. Wir schauen auch diesmal jeden Baum genau an und ein paarmal höre ich Beni sagen: «Schau endlich wieder mal auf die Strasse, gleich fährst du in den Graben!» Was soll ich tun, sie hat den Leoparden letztes Jahr auch erst gesehen, nachdem ich angehalten hatte. Frauen können meiner Meinung nach vieles besser als Männer, aber wilde Tiere aufspüren hat die Evolution wohl eher uns Männern übertragen. Wir sind heute beide nicht erfolgreich und erreichen das South Gate des Parks ohne Wildsichtung.

Die Leute am Gate sind freundlich und ich frage sie nach dem Zustand des Tracks nach Savuti. Es gibt zwei Möglichkeiten; ein Track führt fast immer geradeaus und ein anderer etwas weiter nach Westen, im zick zack durch das Sumpfgebiet. Trotz der etwas vorgerückten Zeit, es ist inzwischen elf Uhr, empfehlen uns die Ranger die Route durch das Sumpfgebiet. Es sei viel die interessantere Landschaft, schönere Vegetation und es gäbe mehr Tiere zu sehen. Zudem sei es trocken, so dass man nicht von Sumpf reden könne. Die Gegend um Savuti gehört nicht zum Okavango Wassersystem und es ist nur in der Regenzeit sowie ein paar Monate danach richtig nass. Der Umweg wird uns möglicherweise eine Stunde kosten, aber wir haben immer noch genügend Zeitreserven für Linyanti.

Der Track ist genau wie beschrieben, zumindest was den Zustand betrifft, aber viele Tiere hat es leider nicht. Ein paar Elefanten, Orixe und Antilopen queren den Weg, sonst ist nicht viel los. Ein paar Fahrzeuge kommen uns entgegen und man höre und staune, darunter ein VW-Bus.

Kurz vor Savuti biegen wir wieder in den Haupttrack ein und nun ist nur noch das rund sechs Kilometer lange, tiefsandige Wegstück bis zum Camp zu bewältigen. Nach einer halben Stunde ist das geschafft, und wir stehen vor der Rezeption des Campingplatzes. Ein junger Mann in schmucker Uniform begrüsst uns freundlich und fragt nach unserem Voucher. Da müssen wir ihn enttäuschen, unsere Übernachtung ist für Linyanti geplant. Ich will ihn nur nach den Tracks fragen und da der Campingplatz einen Laden hat, möchten wir ein paar Büchsen Cola kaufen. Zu den Tracks nach Linyanti weiss er nur, dass beide befahrbar sind, der eine kürzer mit mehr Sand, der andere länger dafür mit etwas weniger Sand. Das hilft uns nicht viel weiter und so muss ich nach dem Bauchgefühl entscheiden. Wir sind nach den Wasserdurchfahrten wieder ziemliche Sandhasen geworden und so wähle ich die kürzere Variante. Nur noch die Colas abholen und sofort weiterfahren! Kurz darauf sind wir an der Kreuzung und damit vor der endgültigen Entscheidung. Es ist jetzt 14 Uhr und die Temperatur liegt über die 40 Grad am Schatten. Eigentlich genau die Zeit in der Sandfahrten am schwierigsten sind, aber wir sind in Linyanti angemeldet und wollen nicht erst am Abend ankommen.

Wir trinken noch schnell eine Cola, da sehen wir auf der Strasse, die von rechts einmündet, zwei Fahrzeuge. Ein Hilux von Britz, wohl ein Selbstfahrer wie wir, und davor steht ein Land Cruiser Safarifahrzeug für Gäste der Lodge. Sie sind damit beschäftig vom Land Cruiser ein Seil am Hilux anzubringen, um diesen aus dem Sand zu ziehen. Ein schlechtes Omen?

Nicht zu viel denken, keine Fragen aufkommen lassen und rein ins Abenteuer. Nach etwa hundert Meter, kommt eine leichte

Rechtskurve. Ich fahre noch locker im dritten Gang im Allrad, aber noch nicht untersetzt. Es geht leicht bergauf, es ist etwas sandig und wird immer tiefsandiger und wie es so geht, es wird auch gleichzeitig steiler. Ich gebe immer mehr Gas, der Wagen wird trotzdem immer langsamer. Es bleibt mir nichts anderes übrig, ich muss runterschalten. Ich glaube, ich war noch nie schneller im Schalten, päng, der Zweite ist drin, aber das ist zu wenig, wir fahren noch, aber der Erste muss rein, sonst würge ich den Motor ab. Also nochmal päng, es klappt, der Motor und ich atmen auf. Kurz darauf stehen wir oben auf der Kuppe.

Natürlich meldet sich nun auch Beni zu Wort: «Wie kannst du nur so leichtsinnig in die sandige Steigung fahren?»
Sie hat ja recht, aber das weiss ich inzwischen auch. «Ja, so ist das halt mit mir.» antworte ich und stelle etwas gereizt die Gegenfrage. «Hast du in all den Jahren auf Reisen schon mal schieben müssen?»
Den Rest der Unterhaltung schreibe ich nicht, die kann sich jeder selber ausdenken.

Die erste Prüfung haben wir also bestanden. Ein guter Kilometer ist geschafft und vierunddreissig liegen noch vor uns. Ich bin gewarnt und werde nun höllisch aufpassen. Nach ein paar Kilometern auf schmalem Track, durch Büsche auf braunem Untergrund, ändert das Bild. Die Piste wird breit wie eine Autobahn mit vielen Fahrspuren im mehligen schneeweissen Sand. Es geht zudem leicht bergauf und wie lang die Sandstrecke ist, sieht man leider nicht.

Bevor ich in diesen Abschnitt einfahre halte ich an, um mir das Ganze in Ruhe anzuschauen. Sicher werde ich jetzt in der Untersetzung im zweiten Gang reinfahren. Vom zweiten auf den ersten zu wechseln ist einfach und schnell. Welche der vielen Spuren soll ich nehmen? Wir sind in Afrika und da wird links gefahren, also links? Diese Spur sieht aber nicht gut aus und wenn alle da reinfahren wäre das die schlechteste Wahl, denn mit grosser Sicherheit bleiben ab und zu Fahrzeuge stecken, müssen ausgegraben werden, und das hinterlässt tiefe Löcher. Eine Spur in der Mitte wäre auch denkbar, aber da stehen etwas

weiter vorn kleine Büsche im Weg, die in der Fahrzeugmitte die Bodenfreiheit auf null reduzieren könnten. Aufsitzen möchte ich nun lieber
auch nicht. Die Spur ganz rechts sieht am besten aus, wohl auch deshalb, weil die entgegenkommenden Fahrzeuge leicht bergabfahren
und so weniger eingraben. Es ist Nachmittag und ich gehe davon aus,
dass von Linyanti kommende Fahrzeuge wohl eher am Morgen die
Strecke gefahren sind und jetzt kaum jemand entgegenkommt. Wenn
doch, dann wird es etwas kompliziert, dann muss ich die Spur wechseln. Sollte ich stecken bleiben, würde uns aber vielleicht jemand helfen. Ich entscheide mich deshalb für die rechte Spur.

Einmal tief durchat-
men und dann geht's
los. Der Untergrund
ist so, wie ich es er-
wartet habe. Sehr fei-
ner Sand ohne festen
Boden. Trotzdem
kommen wir gut vo-
ran. Der Motor dreht
ziemlich hoch und
nach kurzer Zeit
schalte ich sogar in
den dritten Gang. Im Sand ist die Geschwindigkeit auch ein wichtiger
Faktor. Wenn man schneller fährt hat man Reserven, wenn die Spur
mal tiefer wird und der Boden des Fahrzeugs den Sand berührt. Am
Steuer beschränke ich mich darauf, gegebenenfalls leicht gegenzusteu-
ern, wenn das Auto zu sehr ins Schaukeln kommt. Bald haben wir die
erste kleine Kuppe geschafft und sehen vor uns, wie sich der Track die
nächsten Kilometer hinzieht. Nun stehen in unserer Spur Gebüsche. Sie
sind alle, wie mit einem Mäher, auf zehn bis zwanzig Zentimeter abge-
fräst. Für unser Land Cruiser eine Herausforderung, aber ein wechseln
der Spur wäre auch riskant. Die Devise heisst, einfach durch. Das Gebüsch bremst stark, doch alles geht gut und wir haben wieder etwas
Luft zwischen Fahrzeugboden und Piste. Die Pause ist von kurzer

Dauer, schon kommt das nächste Gebüsch auf uns zu. Diesmal sind die Äste einiges dicker und ich bin nicht sicher, dass wir genug Vortrieb haben, diese Hindernisse zu überwinden und so ist es wohl besser auf die andere Seite zu wechseln. Ohne vom Gas zu gehen muss ich das Lenkrad voll einschlagen, sonst kommen wir nicht aus den tiefen Furchen, verlieren Geschwindigkeit und graben uns ein. So fliegen wir mit einem gewaltigen Schlenzer aus der Spur, um gleich darauf, mit einem ähnlichen Schlenzer in der anderen weiterzufahren. Ich bin froh, dass es geklappt hat, da meldet sich Beni zu Wort: «Bist du von allen guten Geistern verlassen, solche Manöver durchzuführen?»

Ihre Stimme verrät, dass sie sehr aufgebracht ist. Ich habe jetzt keine Zeit für Erklärungen. «Halt dich einfach gut fest, davon kommt vielleicht noch mehr.»

Ich bin nun sicher, dass wir die Strecke schaffen und, ehrlich gesagt, es macht mir sogar Spass. Aber das sage ich jetzt lieber nicht.

Die Fahrt geht so weiter. Manchmal guter Track, dann wieder tiefer Sand. Ich fühle mich nicht mehr unsicher und Beni hat wohl auch das Gefühl, dass der Toyota und ich die Sache im Griff haben. Ihre Kommentare beschränken sich immer mehr auf: «OUH!», oder «Ui, Ui», oder wenn es etwas ruppiger wird «OUAH!». Böse, oder andere Ausbrüche gibt es keine.

Nach gut einer Stunde sind wir durch und in der Anfahrt auf den Campingplatz Linyanti. Da sehen wir eine Tafel, die zu den «Kings Pools» weist. Wir malen uns aus, dass das Wasserlöcher sind, und da sollten eigentlich Tiere zu finden sein. Von Savuti bis hierher haben wir keine gesehen. Wir sind zeitlich wieder gut dran und so biegen wir ab zu den «Kings Pools». Es sollen nur fünf Kilometer sein und die sitzen wir gern ab. Zwischen Büschen und Bäumen geht es im Zickzack in die gewünschte Richtung. Die Gebüsche werden immer grüner und nach den genannten fünf Kilometern stehen wir in einer grossen Lichtung vor einer neuen Tafel. Darauf steht zu lesen: «Weiterfahrt nur für Gäste der Kings Pool Lodge erlaubt.» Was sagt man dazu? Ist denn das die Möglichkeit? Ich kann es nicht glauben und kontrolliere auf der Karte, wo wir uns befinden. Es ist leider wirklich so, wir sind an der Grenze zum privaten Bereich von Linyanti. Der Teil ist nur für Gäste der Lodge zugänglich.

Zähneknirschend fahren wir den Pfad zurück zum Haupttrack und dann auf direktem Weg zum Campingplatz. An der Rezeption wartet dann die nächste Überraschung auf uns. Das Büro ist leer und niemand weit und breit zu sehen. Weiter hinten stehen ein paar kleine Häuschen und ich entschliesse mich, dahin zu fahren. Als wir davor stehen kommt eine junge Frau heraus und schaut uns fragend an. Ich stelle uns vor und sie sagt gleich: «Tut mir leid, wir erwarten heute niemanden mehr und wir sind voll ausgebucht.»
Ich hole meinen Voucher hervor: «Das kann wohl nicht sein, wir haben auf heute hier gebucht und bezahlt.»
Sie nimmt den Voucher, liest ihn genau durch und schüttelt den Kopf.
«Unmöglich, da kann etwas nicht stimmen, auf Platz eins sind schon zwei Fahrzeuge.»
«OK, was nun? Wir fahren heute bestimmt nicht weiter. Ein Platz wird sich sicher finden lassen», antworte ich.
Sie sieht nicht gerade glücklich aus, aber wir auch nicht. «Gehen wir mal ins Büro und schauen, was da los ist.»
Im Büro klaubt sie ein Buch hervor und beginnt nach unseren Namen zu suchen. Es dauert ein Weilchen bis sie sicher ist, dass wir da nirgends aufgeführt sind. Da wir aber einen gültigen Voucher haben, holt sie ihr Handy hervor und ruft die Zentrale an. Wir verstehen nichts vom Dialog, aber wir stellen fest, dass das Gespräch sehr intensiv geführt wird. Nach fast zwanzig Minuten hat sie herausgefunden, wo das Problem liegt. Sie haben seit Dezember ein neues EDV-System. Bei der Datenübername muss unsere Buchung nicht übertragen worden sein. Die meisten Lodges, die wir im Park gebucht hatten, sind an diesem System angeschlossen und so ist uns nun auch klar, wieso wir in den letzten Plätzen keine oder falsche Buchungen hatten. Nun sind wir hier und sie muss uns irgendwie, irgendwo unterbringen.

Sie schlägt vor, bei Platz eins vorbei zu gehen und die Gäste zu fragen, ob wir uns auch dahinstellen können. Der Platz soll gross genug für drei Fahrzeuge sein. Die Erfahrung bei den letzten Plätzen mit lieben Gästen, war nicht gerade berauschend, weshalb ich sie bitte mitzukom-

men und die Leute zu informieren. Sie steigt zu uns in den Toyota und wir fahren zusammen zu Platz eins. Auf dem Weg dahin steht ein grosser Elefantenbulle direkt neben der Strasse und beobachtet uns genau.

Langsam fahre ich vorbei und frage sie: «Sind die Elefanten hier auch so freundlich wie in Xakanaxa?»

Sie schaut mich etwas süsssauer an: «Leider sind nicht alle freundlich, manche machen sogar echt Probleme.»

«Was für Probleme?», frage ich.

«Sie sind manchmal sehr frech und aufdringlich.»

«Schlimm?»

«Manchmal»

Mehr will sie nicht sagen und so lasse ich es dabei bewenden. Ich weiss, dass Beni die grossen Grauen nicht gerade eng ins Herz geschlossen hat. Sie sieht und beobachtet die Tiere zwar gerne, aber aus gebührender Distanz.

Die Gäste auf Platz eins sind zwei weisse Paare, die in Botswana sesshaft sind. Natürlich haben sie die schönen Plätze mit Blick auf den Linyanti River schon in Beschlag genommen. Hätten wir auch getan, sie haben ja nicht damit gerechnet, dass da noch jemand kommt. Sie haben Bodenzelte aufgestellt und ihre Fahrzeuge so parkiert, dass auch diese einen wunderschönen Blick auf den Fluss haben.

80

Wir steigen aus, und unsere Begleiterin erklärt den Leuten das Problem. Sie sind sehr nett und sofort damit einverstanden, dass wir unser Auto hinter ihren Fahrzeugen abstellen und da übernachten können. Auch den Zugang zur Feuerstelle dürfen wir benutzen. Wir bedanken uns und bringen die Rezeptionistin ins Büro zurück, damit sie nicht zu Fuss am Elefanten vorbei gehen muss. Dann machen wir uns auf den Weg zum WC-Gebäude das rund fünfhundert Meter weit vom Platz eins entfernt ist.

Wir gehen ins Gebäude und stellen fest, dass es innen nicht so schlecht ausschaut, wie man es von aussen erwarten würde. Wieder draussen sehen wir, dass gleich neben dem Toilettenhäuschen ein schöner Standplatz mit Blick auf den Chobe liegt. Der Platz ist nicht sehr gross, ein Fahrzeug steht da und ein junges Pärchen ist gerade dabei, ihre frisch gewaschene Wäsche an die Leine zu hängen.
Beni meint: «Da hätten sicher auch zwei Fahrzeuge Platz und vielleicht wären sie einverstanden, wenn wir uns zu ihnen gesellen.»
Warum nicht, ich kann ja mal fragen: «Guten Tag, wir sind eben angekommen und haben ein kleines Problem. Dürfen wir euch kurz stören?»

Die junge Frau antwortet sehr freundlich: «Klar, kommt doch rüber zu uns.»
Ich erkläre ihnen was passiert ist und dass wir auf der Suche nach einer Bleibe für heute und morgen sind. Einfach genial, die beiden sind sofort einverstanden.

Sie sind nicht so reserviert, wie die Botswaner von Platz eins. Im Gegenteil, sie freuen sich darauf, mit uns den Platz zu teilen. Sofort wird die Wäsche etwas zurückgeschoben, so dass wir durchfahren und uns einen Standplatz aussuchen können. Damit es für beide optimal wird, stellen sie ihr Fahrzeug auch noch etwas um.

Was haben wir für ein Glück. Einen so schönen Platz mit zwei netten Leuten zu teilen ist einfach super. Wir stellen uns gegenseitig vor und erfahren, dass Noemi und Stefano Italiener sind, aber im Tessin wohnen. Sie haben neue Stellen angenommen und werden in Kürze nach Bern übersiedeln. Ich offeriere ein kühles Bier und es entspinnen sich gleich interessante Gespräche. Schon bald sind wir uns einig, dass wir heute gemeinsam kochen werden. Super Ergänzung, wir haben kein Gemüse und Salat, sie haben kein Fleisch und nur Mineralwasser. Sie werden einen Salat machen und Paste alla Nonna. Wir unsererseits bringen das Filet und offerieren die Getränke. Wir plaudern noch ein bisschen, bevor wir uns ans Einrichten machen.

Da hören wir plötzlich einen Motor aufheulen und lautes Gehupe von Platz eins. Kurz darauf sehen wir, wie ein Safarifahrzeug mit heulendem Motor auf einen Elefanten losfährt. Der Fahrer hat eine Presslufthupe in der Hand, mit der er einen Riesenlärm erzeugt, dazu öffnet und schliesst er die Wagentür mit lautem Knall. Mit all dem Lärm und aggressiven Getue gelingt es ihm, den Elefanten vor sich her in den Busch zu treiben. Nach ein paar Minuten hat er es scheinbar geschafft, der Elefant trottet langsam im Gebüsch davon. Der Fahrer des Safarifahrzeugs glaubt an seinen Erfolg und fährt zufrieden zurück zur Lodge.

Es geht nicht lange und wir hören das knacken und brechen von Zweigen. Kurz darauf sehen wir den Elefanten, der auf dem Weg zurück zum Campingplatz ist. Langsam aber stetig bahnt er sich einen Weg durch den Busch und der führt geradewegs auf unseren Platz zu. Was nun? Ist das wirklich so ein aufdringliches Tier, dass man es mit vereinten Kräften verjagen muss? Ist er das Problem, von dem die Rezeptionistin gesprochen hat?

Ich bin für abwarten und auch unsere Nachbarn sind dieser Meinung. Der Elefant kommt immer näher und macht nicht den Eindruck, dass er umkehren oder einen anderen Weg einschlagen will. Ich betätige die Hupe, aber das lässt ihn kalt. Er nimmt gar keine Notiz davon und trottet einfach weiter auf uns zu. Beni wird schon ziemlich nervös, sie steigt ins Fahrzeug und will, dass ich auch einsteige. Ok, dann halt. Die Nachbarn finden das sehr lustig, sie fotografieren und filmen mit ihren Handys, was das Zeug hält, derweil der Elefant inzwischen nur noch ein paar Meter entfernt ist. Auf einmal tut er so, als würde er die Nachbarn angreifen, er schwenkt den Rüssel gegen die beiden und macht einen schnellen Schritt auf sie zu. Das wirkt. Die beiden rennen zwischen den gemauerten Grillblöcken hindurch, hinter unser Fahrzeug in Sicherheit. Ich hatte den Motor gestartet um im Notfall wegfahren zu können, aber mit den beiden hinter dem Fahrzeug wäre das wohl nicht sehr nett. So richtig wütend scheint mir der Bulle auch nicht zu sein, zudem sehe ich keine Anzeichen, dass er in der Must ist. Ich schalte den Motor ab und harre der Dinge, die da kommen.

Er geht gemütlich zum Campingtisch, tastet mit dem Rüssel alles ab, was darauf steht und schmeisst dabei das Meiste runter. Ohne Essbares gefunden zu haben, kommt er nun zu uns zum Auto. Mit seinem Riechorgan tastet er vom Kühler über die Führerkabine bis zum Heck alles ab. Ich brauche wohl nicht speziell darauf einzugehen, wie sich Beni, auf deren Seite der Elefant vorbeikam, gefühlt hat.

Unsere beiden Nachbarn die auf der Rückseite unseres Fahrzeugs in Deckung gegangen waren, kommen nun etwas aufgeregt, aber gesund und munter auf der anderen Seite unseres Fahrzeugs hervor, während der Elefant enttäuscht den Platz Richtung Fluss verlässt. Ob er so freiwillig gegangen ist wissen wir nicht. Wir hören vom Platzeingang her das Scheppern eines schweren Fahrzeugs und kurz darauf biegt ein Armeelastwagen mit mehreren Soldaten und Mitarbeitern des Campingplatzes, in unseren Platz ein. Einer spring mit einem Gewehr bewaffnet herunter und sucht unseren Elefanten. Doch der hat sich inzwischen in den Linyanti verzogen und ist nun schon mehr als zweihundert Meter weit weg. Ich bin echt froh, dass er weg und ausser Reichweite der Gewehre ist.

Sie fragen uns, was los war und ob wir Schwierigkeiten gehabt hätten. Wir verneinen und ich frage: «Wolltet ihr mit dem Gewehr wirklich schiessen?»
Der Offizier lacht «Nein, sicher nicht. Ein Schuss in die Luft hätte auch gereicht.»
Ich frage weiter: «Der Elefant war ja eigentlich sehr nett und hat nichts getan. Warum also so ein Aufheben?»
«Das Problem hier ist, dass wir an der Grenze zu Namibia sind und da drüben, auf der anderen Seite des Flusses, werden ab und zu Elefanten erlegt, weil sie den Bauern die Felder und Häuser zerstören. Deshalb sind die Tiere hier manchmal sehr aggressiv. Wir haben die Aufgabe, die Touristen und die Elefanten zu schützen, denn auch auf dieser Seite des Linyanti gibt es Wilderer, die wir bekämpfen müssen.»
Nach einer Weile verabschieden sie sich freundlich und der Offizier meint: «Es könnte sein, dass er heute Nacht wiederkommt. Ihr braucht euch aber keine Sorgen zu machen, nachts wurde noch nie ein Fahrzeug beschädigt.»
Das haben wir uns auch so gedacht und wir machen uns wieder an die Vorbereitungen für das Nachtessen und die Nacht.

Gegen Abend kommen dann die Camper von den anderen Plätzen zum Toilettenhaus. Zu unserer Überraschung kommt auch die deutsche Familie, mit denen wir den Platz in Khawi geteilt haben. Sie sind auf Platz zwei einquartiert, also wären wir auf Platz eins wieder Nachbarn gewesen. Mutter und Tochter erzählen uns, was passiert war:
«Wir sassen gemütlich am Tisch und haben etwas getrunken, da kommt der Elefantenbulle vom Fluss die Böschung hoch, direkt auf uns zu. Wir wussten gar nicht, was wir jetzt tun sollten. Glücklicherweise sass auch noch ein Guide bei uns am Tisch und der hat uns gesagt, wir sollen ganz nahe zusammensitzen und uns möglichst nicht bewegen. Es ist uns sehr schwergefallen, aber wir sassen schlussendlich wie versteinert auf unseren Stühlen. Der Elefant kam geradewegs auf uns zu und begann mit seinem Rüssel alles abzutasten.»
Die Tochter, die danebensteht, meldet sich zu Wort: «Ja, unglaublich, der Elefant hat mit seinem Rüssel meinen Arm und den Kopf abgetastet. Ich bin völlig erstarrt und glaubte, dass ich gleich in Ohnmacht falle. Das werde ich mein Leben lang nicht vergessen.» Sie zeigt uns am Arm, wo der Rüssel sie berührt hat und ich sehe, dass sie gerade wieder eine Gänsehaut bekommt.
Die Mutter erzählt weiter: «Der Elefant ging dann um den Tisch herum und warf mit dem Rüssel alles runter. Dann trottete er langsam hinüber zum Platz eins. Die vier Botswaner wollten sich das nicht gefallen lassen und versuchten mit allerhand Lärm und Gesten das Tier zu vertreiben. Das wiederum liess sich der Elefant nicht gefallen. Er ging sehr zielstrebig auf die Leute zu und verjagte sie. Danach drehte er um und stapfte, wie zur Strafe, über Tisch, Stühle und Zelte. Der Guide der bei uns sass ist dann zu seinem Fahrzeug gegangen und hat mit viel Motorenlärm und dem lauten Horn den Bullen vertrieben.»
Ich frage: «Was ist mit den Leuten von Platz eins? Sind sie alle OK?»
«Ja, aber sie haben danach sofort alles zusammengepackt und sind nach Kasane losgefahren.»
Da haben wir doch ziemlich Glück gehabt, wären wir auf Platz eins geblieben, hätten wir wohl noch etwas mehr erlebt, als vorhin auf unserem Platz hier.

Der Abend verläuft völlig locker, ohne weitere Besuche von Tieren. Wir geniessen einen super feinen Salat, Pasta, und jeder ein schönes Stück Filet vom Grill und dazu ein gutes Glas Wein. Wir unterhalten uns über dies und das und erfahren unter anderem, dass Stefano ein eingefleischter Offroader ist und Mitglied eines Offroadclubs in Italien. Die Strecken hier machen ihm Spass, sind aber auch für ihn, trotz der Erfahrung, sehr anspruchsvoll. Sand wie hier ist in Italien doch eher selten.

Natürlich erzählen auch wir so einiges und das schönste bei neuen Bekannten, man muss nicht Angst haben, dass man die Geschichten schon mal erzählt hat. Auf jeden Fall ist es schon ziemlich spät, als wir uns gute Nacht sagen und in unsere Zelte kriechen.

13. Kasane

Die Nacht war sehr ruhig und wir treffen Noemi und Stefano beim Frühstück. Sie haben schon einiges zusammengepackt und machen sich bald auf den Weg nach Kasane. Wir wollen heute noch etwas auf Safari gehen, dann nochmals übernachten und erst morgen weiterfahren. Nach dem Frühstück hole ich die Karte hervor und wir überlegen, wohin wir fahren könnten. Es soll hier einige Pools geben, an denen wir hoffen, endlich mal ein paar Löwen zu Gesicht zu bekommen. Bei genauerem Studium der Karte muss ich leider feststellen, dass der grösste Teil der interessanten Gegend im privaten Besitz ist. Nur der Campingplatz am Linyanti und drei oder vier Kilometer dem Fluss entlang ist freies Gelände. Es ist zwar sehr schön hier, aber nur rumsitzen und auf Elefanten warten ist nicht so unsere Sache. Irgendwie ärgert es uns auch, dass man hier nur rumfahren darf, wenn man in den teuren Lodges wohnt. Wir überlegen uns deshalb, einen Tag früher nach Kasane zu fahren und dafür den Chobe Nationalpark am Fluss zu besuchen. Wir fahren gegen zehn Uhr los, dem Flussufer entlang. Nach ein paar Kilometern biegt der Track vom Fluss in Richtung Busch ab. Ein paar hundert Meter weiter stehen wir an der Kreuzung. Was nun? Zurück zum Campingplatz oder nach Kasane? Ich hole das Satellitentelefon hervor und rufe in unserer Lodge an, die wir in Kasane gebucht haben. Die Dame am Telefon bestätigt mir, dass es kein Problem sei, wenn wir einen Tag früher erscheinen.

Nun überlegen wir nicht mehr lange und fahren los. Der Track führt über Mabele zur Transitstrasse A33 und dann durch den Chobe Nationalpark. Anfangs ist die Piste sehr sandig, aber um einiges einfacher als die Piste von Savuti nach

Linyanti. Unterwegs sehen wir einige interessante Tiere wie Pferde- und Rappenantilopen.

Nach rund zwei Stunden sind wir in Mabele und da beginnt die Teer- strasse. Das ist dann auch wieder der Mo- ment, die Luft in den Rei- fen auf das richtige Ni- veau anzuheben. Wir fahren auf einen kleinen Rastplatz, holen den Kompressor heraus und

beginnen mit der Arbeit. Ein paar Kinder stehen in der Nähe und schauen interessiert zu. Sie sehen nicht aus, als kämen sie aus reichem Haus, im Gegenteil, die Kleider sind ziemlich abgetragen, zerrissen und schmutzig. Wir haben noch einige Schulhefte, Bleistifte und Farben da- bei, die wir unterwegs verschenken wollten. Beni holt sie hervor, geht zu den Kindern und schenkt sie ihnen. Sie freuen sich sehr und rennen zur Mutter, die im Feld arbeitet. Fröhlich winken sie uns noch lange nach als wir weitergefahren.

Mit mehr Luft in den Reifen und auf der guten Strasse kommen wir schnell voran und sind schon bald am Transit Gate zum Chobe NP. Hier muss man wieder mal anhalten und sich in ein Buch eintragen. Es ist Mittag und niemand ist im Büro. Vier Bücher liegen offen da und dane- ben ein Zettel mit: «Bitte eintragen.» Wie immer sind die Personalien, Passnummer und Fahrzeugnummer einzutragen. Das ist klar, aber in welches der drei Bücher. Eines ist wahrscheinlich für einfahrende Fahr- zeuge und eins für ausfahrende. Wozu die beiden andern? Welches Buch es sein sollte kann ich beim besten Willen nicht herausfinden. Ich trage mich einfach mal in eines ein und fahre los. Nach etwa achtzig Kilometer kommt das andere Gate. Diesmal ist jemand da, aber der Uniformierte bewegt sich nicht und deutet nur auf die Bücher. Welches denn nun diesmal? Ich habe keine Ahnung und nehme einfach das erste. Ich will gerade anfangen zu schreiben, da erwacht der Kerl zum Leben: «Was machen sie da?» frägt er ziemlich genervt.

«Ich schreibe das rein, was verlangt ist», antworte ich.

«Aber doch nicht in das Buch, ihr kommt ja vom Park!»

Ok, ich nehme das nächste und will wieder loslegen.

Da meldet er sich schon wieder: «Nein, ist das so schwierig, das ist das Buch für Transportfahrzeuge!» Er zeigt auf das dritte Buch: «Nimm das hier!»

Ich sage nichts dazu, schlucke nur leer und trage die gewünschten Daten ein. Dann nehme ich Rache an dem Kerl, indem ich extra unleserlich schreibe und dazu noch eine falsche Autonummer angebe.

Kurz darauf sind wir in Kasane und suchen unsere Lodge. Sie muss am anderen Ende der Stadt liegen, so dass wir die Umfahrungsstrasse nehmen können. Die Stadt liegt schon ziemlich weit hinter uns, als wir die Abzweigung zur Lodge finden. Die «The Big 5 Chobe Lodge» ist in Kazungula, zehn Kilometer ausserhalb in Richtung Zimbabwe. Die Lodge liegt direkt am Fluss Chobe und von der Terrasse aus sieht man hinüber auf Kakumba Island das als äusserster Zipfel des Caprivi Streifens zu Namibia gehört. Gleich nach dieser Insel fliesst der Chobe in den Sambesi. Nach weiteren siebzig Kilometern stürzen sie gemeinsam über die Victoriafälle, wo die gewaltigen Wassermassen über hundert Meter hinunter donnern. Etwas ruhiger geht der Fluss dann weiter durch Zimbabwe, und durch verschiedene Seen nach Mosambik bis in den Indischen Ozean.

Die Lodge sieht ganz gut aus und wir freuen uns auf die Dusche im kühlen Zimmer. Wir checken ein, trinken noch schnell etwas an der Bar, und lernen dabei den Chef des Hotels kennen. Ein weisser Südafrikaner, der als Banker eine neue Herausforderung gesucht hat und schlussendlich hier gelandet ist. Er ist ziemlich aufgeregt und erzählt uns, was er heute Morgen erlebt hat.

«Ich fuhr mit dem Auto von Kasane zum Hotel. Dazwischen ist ein Wildwechsel, den ihr sicher auf dem Weg zu uns gesehen habt?»

«Ja, haben wir.»

«Da war eine Herde Elefanten unterwegs zum Chobe River. So gegen zwanzig Kühe mit Jungtieren allen Alters. Direkt vor mir hält ein Fahrzeug mit vier Personen an, einer steigt aus, ein Asiate, und geht mit dem Fotoapparat in der Hand auf die Elefanten zu. Ich denke mir noch, was macht der da? Das sind wilde Tiere, wenn das nur gut geht. Der Mann geht weiter auf eine Elefantenkuh zu und fotografiert drauflos. Plötzlich sehe ich hinter ihm ein Babyelefant auftauchen. Die Mutter sieht ihr kleines und will es wohl verteidigen. Sie läuft auf den Mann zu, wirft ihn zu Boden und trampelt auf ihn.» Er holt tief Luft und erzählt zu Ende. «Der Mann war sofort tot und seine Frau und die Kinder mussten das mitansehen.»

Eine wirklich traurige Geschichte, die sich da zugetragen hat. Irgendwie haben viele Touristen das Gefühl, Elefanten seien immer sehr lieb und könnten niemanden etwas zuleide tun. So ist es eigentlich auch, wenn man aufpasst und ihnen nicht das Gefühl gibt, sie zu bedrohen. Die meisten kennen die Tiere nur aus Zoo und Zirkus und da sind sie so etwas von lieb, und man kann sogar auf ihnen reiten. In der Natur sind sie vielen Gefahren ausgesetzt und ganz besonders bedroht durch den Menschen und deshalb entsprechen vorsichtig und halt auch mal aggressiv.

Es ist so gegen 40 Grad. Auf der Terrasse ist schattig, aber es regt sich kein Lüftchen. Ein kleiner Pool ist auch da, aber wir haben keine Lust darin zu plantschen, da an den Rändern und am Boden grünbraune Algen zu sehen sind. Wir ziehen uns deshalb in unser Zimmer zurück um da etwas zu auszuruhen, bis es draussen etwas kühler wird. Der Raum ist schön gross und ganz ordentlich, aber es ist hier drin nicht wesentlich kühler als draussen. Wir schalten die Klimaanlage auf maximum, räumen die wichtigsten Sachen ein und gehen wieder nach draussen.

Beni will auf der Terrasse ihr Tagebuch schreiben, während ich den Reifen zur Reparatur bringe. Ich fahre los und sehe, nicht weit vom Hotel, eine Tafel «Reifen flicken, sehr günstig und schnell!». Ok, dann versuche ich es doch mal beim heimischen Gewerbe. Ein Schwarzer liegt auf dem nackten Boden mit dem Kopf auf einem Reifen und schläft. Ich steige aus und rufe laut. «Hallo, hier ist Kundschaft!»

Er grunzt und öffnet die Augen und entschuldigt sich sogleich. «Hallo, Ich habe nicht geschlafen, nur studiert. Was kann ich für dich tun?»

«Am besten du studierst, wie du meinen Reifen flicken kannst. Ich sehe hier kein Werkzeug und auch keinen Kompressor.»

Er schaut mich immer noch verschlafen, aber lachend an: «Da drüben ist eine Tankstelle und da pumpe ich den Reifen auf.» Er zeigt auf eine fast zwei Meter lange Eisenstange, die aussieht, wie ein überdimensionales Hebeeisen, auf ein langes Eisenrohr und auf eine Blechschachtel. «Das Werkzeug habe ich hier und die Flicken sind in der Schachtel.»

Ich zeige auf das Reserverad rechts. «OK, dies ist der platte Reifen.»

Er demontiert ihn und meint: «Du kannst in einer Stunde wieder vorbeischauen, dann ist er geflickt.»

So gut traue ich ihm nun auch wieder nicht. «Nein, ich bleibe hier und schaue zu, ich habe Zeit.»

Vom Autowaschplatz gleich nebenan kommt ein zweiter Mann dazu, der offensichtlich nichts zu tun hat.

«Kann ich dir helfen?», fragt er den Monteur.

Der ist sofort einverstanden. «Ja, bring das Rad rüber zur Tankstelle, ich komme dann gleich nach.»

Es sind so zweihundert Meter bis zur Tankstelle und der Kollege rollt das Rad in diese Richtung. Der Chef holt sich ein paar Sachen aus der Kiste und spaziert hinterher. Da es sehr heiss ist setze ich mich in den Schatten und schaue den beiden zu, wie sie bei der Tankstelle den Reifen aufpumpen. Nun suchen sie nach dem Leck, indem sie kübelweise Wasser über das Rad schütten, es drehen und wenden. Nach ein paar Minuten scheinen sie sich ihrer Sache sicher zu sein. Sie kommen zurück und der Chef erklärt mir, dass das Ventil defekt sei und ausgewechselt werden müsse. Ich bin nicht so überzeugt, dass das das Problem ist und frage nochmals nach: «Bist du ganz sicher?»

Im Brustton der Überzeugung kommt die Antwort: «Klar, wir haben beide gesehen, dass die Luft da rauskommt.» Ich kann es eigentlich nicht glauben, aber was soll ich tun? Er schraubt das Ventil heraus. Dann setzt er das Hebeeisen an und schlägt mit dem Stahlrohr drauf.

Irgendwie habe ich ein sehr ungutes Gefühl, hoffentlich beschädigt er die Felge nicht. Er arbeitet wirklich hart und irgendwie gelingt es ihm, nach einer viertel Stunde den Reifen von der Felge zu lösen. Danach schlägt, schneidet und zieht er das Ventil aus der Felgenöffnung, dann holt er ein anderes Ventil aus der Schachtel. Ob es neu ist, kann ich nicht beurteilen. Er steckt es sich in den Mund, lutscht ein Weilchen daran herum um es geschmeidiger zu machen und zieht es dann in die Öffnung.

Nun wird der Reifen wieder in die Felge gedrückt. Dann geht es, natürlich zu zweit, wieder hinüber zur Tankstelle zum Aufpumpen. Es dauert nicht lange, bis die beiden zurückkommen und das Rad auf die Reservehalterung montieren und dann ist Zahltag.

«Was muss ich nun bezahlen?»

Der Reifenflicker antwortet. «Für meine Arbeit 70 Pula.»

Das sind umgerechnet etwa sieben Franken und das für eine Stunde Arbeit. OK, wenn das Rad wirklich geflickt ist?

Ich gebe ihm einen Hunderter und er gibt mir dreissig zurück mit der Bemerkung: «Und dann wären noch zwanzig für meinen Gehilfen zu bezahlen.»

Ich habe den ja nicht eingeladen und eigentlich wäre es am Reifenflicker, dem Kollegen etwas zu geben. Ich kann es mir nicht verkneifen, meinen Unmut zu zeigen, zahle aber den gewünschten Betrag. Schliesslich ist das Ganze für Europäische Verhältnisse nicht teuer.

Ich treffe Beni auf der Terrasse, trinke ein Bier und erzähle ihr die Erfahrung mit dem Reifenflicker. Danach gehen wir ins Zimmer wo wir uns etwas abkühlen und eine Dusche nehmen wollen. Leider wird unsere Erwartung in Bezug auf die Zimmertemperatur enttäuscht. Das Zimmer ist noch genau gleich feuchtheiss, wie es war, als wir angekommen sind. Die Klimaanlage bläst wie verrückt, warme Luft durch den Raum. Ich mache mich deshalb gleich auf den Weg zur Rezeption und erkläre der netten Dame mein Problem mit der Klimaanlage. Das Mädchen verspricht mir, sofort jemanden vorbei zu schicken, der das Problem beheben kann.

Zurück im Zimmer darf ich zuerst unter die Dusche. Beni sortiert die Kleider aus, die gewaschen werden müssen und steckt sie in einen Sack für den Zimmerservice. Einfach wunderbar, mal wieder völlig ungestört in einem richtigen Badezimmer zu duschen. Ich stelle mir vor, dass in ein paar Minuten auch das Zimmer angenehm kühl sein wird und ich mich dann vor dem Nachtessen noch etwas hinlegen kann. Nach der Dusche stelle ich fest, dass sich noch niemand um unser Problem gekümmert hat und auch als Beni aus der Dusche kommt ist unser Zimmer immer noch ein tropisches Feuchtgebiet. Ich bin schon wieder schweissgebadet und ziemlich misslaunig, aber Beni findet das Ganze nicht so schlimm. Auf dem Weg zur Terrasse, wo wir essen werden, kommen wir an der Rezeption vorbei und da lasse ich es mir nicht nehmen meinen Unmut über die defekte Klimaanlage zu äussern. Wieder verspricht man mir, sich sofort darum zu kümmern.

Das Nachtessen ist keine Wucht, aber OK. So gegen zehn Uhr machen wir uns auf den Weg zum Zimmer. Hier draussen ist es jetzt nicht mehr so drückend heiss und im Zimmer müssten inzwischen schon fast herbstliche Temperaturen herrschen. Wir freuen uns darauf, unter die Decke zu kriechen und wieder mal mit kühlem Kopf einzuschlafen. Beim Öffnen der Tür schlägt uns die feuchtheisse Wärme vom Mittag entgegen. Ich bin stinksauer und gehe sofort zurück zur Rezeption, aber da ist nur das Servicepersonal, das dabei ist aufzuräumen, und die haben von einer Klimaanlage keine Ahnung. So bleibt uns nichts anderes übrig, als eine weitere Nacht im Buschmodus zu verbringen.

Mitten in der Nacht werden wir durch Lärm aus dem Schlaf gerissen. Irgendwo, ganz in der Nähe laufen Motoren auf Hochtouren, es wird gehupt und Leute schreien herum. Irgendwie erinnert uns das an Linyanti und tatsächlich erfahren wir am Morgen, dass eine ganze Herde Elefanten versucht hat, mitten durch die Lodge zum Fluss zu gehen. Da der Durchgang nur durch ein Gebäude möglich ist, wäre das nicht gut gegangen. Der Wärter am Eingang hat Alarm geschlagen und mit vereinten Kräften haben sie die Elefanten um die Lodge herum gescheucht.

Auf dem Weg zum Frühstück treffe ich auf den Chef des Hotels. Er begrüsst uns und ist freundlich: «Guten Morgen, habt ihr gut geschlafen?»

Der kommt mir gerade recht. «Guten Morgen», antworte ich «leider überhaupt nicht. Die Klimaanlage funktionierte nicht und es war drückend heiss.»

«Oh, das tut mir leid, aber ihr wart ja gestern früh am Nachmittag hier. Da hättet ihr an der Rezeption Bescheid sagen können.»

Das war genau das, was ich hören wollte. Verärgert antworte ich: «Das habe ich ja gemacht, sogar mehrmals, aber es scheint hier niemanden wirklich interessiert zu haben.»

«Das ist wirklich ärgerlich. Tut mir leid, ich werde mich sofort darum kümmern.»

Nach dem Frühstück, rund eine Stunde später, kommen wir auf unser Zimmer. Der Verwalter sitzt auf meinem Bett und drückt an der Fernbedienung der Klimaanlage herum.

Ich frage: «Alles OK?»

«Ja, ich finde kein Problem, es bläst stark und es ist kühl.»

Ich erkläre ihm nochmals, dass die Anlage ein paar Minuten funktioniert und dann nicht mehr. Ich hoffe, dass er es nun begriffen hat und die Anlage am Abend funktioniert.

14. Chobe Nationalpark

Der Flugplatz von Kasane ist das Tor zu den Parks im Okavangodelta, und der am nächsten liegende ist der Chobe Nationalpark am gleichnamigen Fluss. Die Stadt lebt fast ausschliesslich vom Tourismus und an jeder Ecke werden Safarifahrten angeboten. Wir sind kurz nach acht Uhr am Eingang zum Park und es herrscht schon viel Betrieb.

Nachdem wir unseren Obolus entrichtet haben, geht's zuerst runter zum Fluss. Wir sind begeistert von den vielen Tieren, die wir in kurzer Zeit zu Gesicht bekommen. Eine Herde Elefanten, gegen vierzig Tiere, kreuzen unseren Weg. Wir schauen zu, wie sie langsam zum Fluss ge-

hen und es macht uns gar nichts aus, etwas zu warten bis sie den Weg freigeben.

Unten am Fluss folgen wir einem Track, der immer wieder in den Ufersand des Chobe führt. Da wir nicht mit Sand gerechnet haben und in den nächsten Tagen auch nicht planen, solche Tracks zu fahren, ist der Reifendruck auf Teerstrassen eingestellt. Es ist schon wieder fast vierzig Grad und ich habe keine Lust auszusteigen und den Druck zu senken. So wird jede Durchfahrt zu einem spannenden Erlebnis. Es ist schon nach Mittag, als sich der Hunger meldet. Wir haben auf der Parkkarte gesehen, dass etwa zehn Kilometer weiter dem Fluss entlang ein Picknickplatz ist und wir finden darin ein schönes Plätzchen im

Schatten grosser Bäume. Dazu gehören aber auch eine ziemlich aufdringlichen Affenbande und verschiedene fast genauso aufdringliche Vögel. Viele Touristen füttern die Tiere wie die Tauben auf dem Petersplatz in Venedig und so braucht man sich nicht zu wundern, dass sie immer dreister werden. Ob da auch ab und zu Raubkatzen auftauchen? Auf der Parkinformation ist zu lesen, dass es hier einige Löwen und Leoparden gibt. Für das Picknick soll man deshalb immer einen Picknickplatz aufsuchen und nicht irgendwo unterwegs anhalten. Ob die Raubtiere das auch so sehen und sich von solchen Plätzen fernhalten? Einen Zaun gibt es hier nicht, so dass alle ungehindert Zutritt haben. Wir setzen uns an einen der Steintische, legen die Steinschleuder gut sichtbar neben uns und essen dadurch ungestört unseren Lunch. Die Affen halten Distanz zu uns, aber an einem Tisch etwas weiter weg sehen wir, wie sie ein paar Touristen die Esswaren klauen.

Nach der Pause fahren wir weiter in den Park und sehen ein Krokodil, das gerade eine Gazelle erlegt hat und dabei ist, sie in essbare Stücke zu zerteilen. Dazu hält es die Gazelle im Maul und schleudert sie wild

herum, bis sich Teile vom Körper lösen, die es verschlingen kann. Wir sind leider nicht die einzigen, die das sehen. Nach kurzer Zeit stehen einige Safarifahrzeuge mit Touristen auf der Ladebrücke um den Schauplatz herum. Jeder Guide versucht, seine Gäste so gut er kann in Position zu bringen, damit sie fotografieren können.

Auf dem Weg zum Parkausgang kommt uns mal wieder ein Toyota Land Cruiser entgegen. Eigentlich nichts Ungewöhnliches, aber das Fahrzeug kommt uns bekannt vor. Ein Kopf erscheint im offenen Seitenfenster: «Hallo ihr zwei, was macht ihr den hier?»
Es sind tatsächlich Burkard und Andrea, die wir schon längst auf dem Weg nach Namibia wähnten. Natürlich halten wir an und sie erzählen

uns, was zwischenzeitlich gelaufen ist. Sie sind tatsächlich auf dem Weg nach Namibia gewesen, haben aber noch einen Abstecher in den Park eingebaut. Während wir Plaudern hält ein anderes Fahrzeug an. Diesmal ruft eine Frau aus dem Seitenfenster: «Hallo ihr zwei, das ist ja eine Überraschung. Seid ihr es wirklich?» Es ist die Familie aus Deutschland, mit der wir in Khawi den Campingplatz geteilt und die wir dann auch zufällig wieder in Linyanti getroffen haben. Nun sind wir schon fast eine Wagenburg und da hier einige Safaris unterwegs sind, müssen wir den Weg freimachen. Wir verabschieden uns ein weiteres Mal von unseren Bekannten, diesmal wohl endgültig.

Der Track führt etwas vom Chobe weg durch den Busch, um dann wieder auf den Flusstrack einzubiegen. Wir stehen auf einer kleinen Anhöhe und der Pfad führt hinunter in eine Senke, dann wieder hinauf in den Busch. In der Senke ist gerade eine Herde Elefanten dabei, zum Fluss zu gehen und eine andere, kleinere Herde, kommt vom Fluss zurück. Unten steht ein Fahrzeug und das möchte die Böschung hoch, Richtung Kasane. Einem Teenagerelefanten scheint das nicht zu passen und er rennt mit erhobenem Rüssel und lautem Trompeten auf das Auto los. Er hat noch keine Stosszähne, allenfalls Ansätze dazu, aber ein paar Beulen am Fahrzeug könnte er schon machen. Die Fahrer scheint ihn auch gesehen zu haben und fährt ziemlich zügig die Böschung hoch. Der Elefant trompetet noch etwas hinterher und ist wohl stolz darauf, es dem Eindringling gezeigt zu haben. Die anderen Elefanten der Gruppe haben die Eskapaden des Teenagers kaum zur Kenntnis genommen, sie sind langsam weitergegangen und haben da und dort ein paar Ästen von den Bäumen gefressen.

Da müssen auch wir durch und Beni's Liebe zu aufsässigen Elefanten hält sich bekanntlich in engen Grenzen, auch wenn sie noch so klein sind. Wir warten noch etwas ab und schauen, wohin die Herde sich bewegt. Dann fahren wir los. Die Böschung runter, zwischen den Elefanten durch, die auf beiden Seiten des Tracks Äste von den Bäumen reissen und gemütlich fressen. Der Teenager ist nicht zu sehen und die anderen Elefanten schauen gelangweilt, wie wir vorbeifahren. Vor lauter

Elefantenbeobachten habe ich vergessen die Untersetzung einzuschalten und so geht es im ersten Gang ziemlich zügig und mit viel Geschaukel die steile Böschung hoch. Ich denke, wir sind schon oben, da wird es plötzlich sandig. Nach ein paar Metern würge ich den Motor ab und wir stehen fast bis zu den Achsen im Sand. Mein erster Blick gilt den Elefanten um uns herum. Sie nehmen kaum Notiz von uns, oder sehe ich da etwa Schadenfreude in ihren Augen? Beni findet das gar nicht lustig, inmitten von vielen Dickhäutern im Sand zu stecken.

Sie schaut zu mir rüber: «Was zum Teufel machst du?»

«Och, nichts. Ich schaue den Elefanten beim Fressen zu und warte bis uns jemand rausschaufelt.»

Beni ist ziemlich aufgeregt und hat kein Verständnis für meinen Humor. Und ich verzichte deshalb auf weitere Sprüche. Während ich den Motor starte kommt die obligate Bemerkung von Beni: «Hast du alles eingeschaltet?»

«Ja, alles was ich an Gängen und Sperren finden kann, habe ich eingelegt.» Mit viel Gas lasse ich die Kupplung kommen und ganz, ganz langsam bewegt sich der Landi vorwärts. Nach ein paar Metern ist es geschafft, wir stehen oben auf der Kuppe auf festem Grund.

Nun sehen wir drei Fahrzeuge direkt vor uns. Eines zeigt in unsere Richtung, die anderen sind auf dem Weg zum Ausgang wie wir. Das Fahrzeug, das uns entgegenkommt, steht im tiefen Sand und scheint festgefahren zu sein. Die beiden Fahrzeuge vor uns, die auf dem Weg zum Ausgang sind, könnten eigentlich zufahren, aber es sind nette Fahrer; Guides, die ihren Touristen zeigen möchten, wie hilfsbereit Botswani sind.

Einer von ihnen kommt zu mir ans Fenster: «Hast du eine Snap Rope dabei?»

«Ja, habe ich, soll ich es herausholen?»

> Eine Snap Rope ist ein breites, elastisches, gewobenes Band, das extrem stark ist und sich beim Ziehen fast auf die doppelte Länge streckt. Damit wird die Kraft langsam aufgebaut, so dass es nicht zu einem plötzlichen Ruck kommt.

Da unser Fahrzeug nicht über viel Kraft verfügt, bin ich nicht unbedingt begeistert, selber die Rettungsaktion durchzuführen und frage deshalb nach. «Wer zieht das Fahrzeug raus? Ihr habt ja so starke Motoren, macht das einer von euch?»

Er lacht mich an: «Mein Kollege im andern Lande Cruiser hat den  stärksten Motor, der kann das locker.»

Ok, ich hole das Seil und gebe es ihm. Inzwischen hat sich der Kollege mit dem Safarifahrzeug hinter den Hilux gestellt und das Seil wird eigehängt. Der Fahrer des Hilux muss aussteigen und der zweite Guide setzt sich ans Steuer. Das Seil scheint wirklich unendlich dehnbar, aber dann bewegt sich der Hilux und kurz darauf stehen beide Fahrzeuge auf festem Boden.

Die Guides erhalten neben Applaus von ihren Gästen auch den Dank der Britzfahrer und verabschieden sich dann freundlich. Der Fahrer des Hilux bringt mir das Seil zurück und fragt: «Wie geht es weiter? Kommt da noch viel Sand? Sollen wir weiterfahren oder umkehren?»

Was soll ich da sagen? «Ja, es hat noch viel Sand.» oder «Halb so schlimm, da fahren die meisten problemlos durch.»

Ich frage ihn nach seinen Erfahrungen und ob er den Reifendruck gesenkt hatte. Er ist zum ersten Mal mit einem Allradfahrzeug im Busch unterwegs und hat keine Ahnung, wie man im Sand fährt. Was kann man da tun? Ich gebe ihm ein paar Tipps, packe mein Seil ein und wir verabschieden uns. Sollte er sich erneut eingraben, werden ihm sicher wieder irgendwelche Guides helfen.

Zurück in der Lodge, stelle ich fest, dass der gestern «geflickte» Reifen wieder platt ist. Wir gehen auf unser Zimmer und wer sitzt da auf meinem Bett? Der Verwalter und er hantiert wieder, oder immer noch, an der Fernbedienung herum. Er schüttelt immer wieder den Kopf und sagt: «Ich kann es nicht glauben, so etwas habe ich noch nie erlebt.

Immer, wenn ich die Anlage einschalte, funktioniert sie und wenn ich zurückkomme, um zu kontrollieren ob alles OK ist, ist es noch heiss hier drin.»

Nun bin ich aber wirklich sauer: «Genau das habe ich ihnen heute Morgen gesagt und eines ist sicher, wir schlafen heute nur hier, wenn die Anlage in einer Stunde funktioniert. Entweder sie haben ein anderes Zimmer mit funktionierender Anlage oder wir suchen uns ein anderes Hotel.»

Ziemlich widerwillig geht er auf meinen Vorschlag ein und gibt uns den Raum gleich nebenan. Er ist offen und wir prüfen gleich, ob die Klimaanlage funktioniert. Wie es scheint tut sie das auch, aber ich will das Resultat in einer halben Stunde sehen. Den Schlüssel zum Zimmer bekommen wir an der Rezeption. Wir setzen uns im Garten unter einen Baum und trinken ein kühles Bier. Nach einer guten halben Stunde machen wir uns voller Erwartung auf den Weg ins neue Zimmer und siehe da, ein angenehm kühler Raum erwartet uns. Wir räumen unsere Siebensachen zusammen und richten uns im neuen Zimmer ein.

Nun muss ich noch das Reifenproblem lösen. Zum Reifenflicker an der Strasse will ich nicht mehr und suche mir deshalb die Adresse von Bushlore in Kasane aus den Unterlagen. Wir fahren hin, ein Mitarbeiter holt ein anderes Rad von einem Fahrzeug und tauscht die Räder aus. Das kostet nichts, da wir eine entsprechende Versicherung haben.

15. Victoria Fälle

Vor dem Zubettgehen haben wir die Klimaanlage abgestellt, es blieb die ganze Nacht angenehm kühl und wir haben gut geschlafen. Einen Makel hatte das neue Zimmer aber auch, die Zimmertür liess sich von innen nicht verriegeln. Vor dem Frühstück habe ich das wiederum an der Rezeption gemeldet. Zurück vom Essen, steht der Verwalter in der Tür und schüttelt wieder mal den Kopf und sagt: «So etwas habe ich noch nie erlebt. Von aussen funktioniert es einwandfrei, von innen nicht.» Zumindest hat er auf Anhieb festgestellt, wo der Fehler liegt und so wird er wohl in der Lage sein, das Ding zu flicken.

Kurz nach acht werden wir von Frau Malinga abgeholt, die uns heute zu den Victoria Fällen fährt. Mit dem eigenen Fahrzeug zu fahren ist sehr teuer und kompliziert. Durch Passkontrolle, Strassenzoll und Versicherung wird die Abfertigung beim Grenzübergang mühsam und zeitraubend.
Die Strasse von Kazungula bis zur Grenze ist in katastrophalen Zustand. Im Zickzack versucht unsere Fahrerin die tiefen Schlaglöcher zu umfahren und kommt dabei ständig mit anderen Verkehrsteilnehmern auf Tuchfühlung. Wenn sie mal doch ein Loch langsam durchfahren muss, kommt meist ein anderes Fahrzeug, das ihr den Weg abschneidet. Unsere Chauffeuse ist wie alle anderen Fahrer und mischt ganz gewaltig mit, auch sie kennt keine Gnade und würgt jeden rücksichtlos ab.
Am Grenzübergang nützen dann aber ihre ganzen Erfahrungen nichts, wir brauchen fast eine Stunde, bis wir den Obolus von 50 US-Dollar pro Person für die Visa zahlen dürfen.

Nach der Grenze ist die Strasse durch den Zambezi Nationalpark gut und wir kommen zügig voran, so dass wir in einer Stunde am Heliport kurz vor den Fällen sind. Obwohl zehn Minuten Flug pro Person 150 Franken kostet, möchten unsere Mitreisenden aus Köln unbedingt die Fälle von oben sehen. Für Beni und mich stimmt Leistung und Preis nicht und so setzen wir uns derweil lieber mit einem kühlen Getränk auf die Terrasse und beobachten die Starts und Landungen

Es sind drei Helikopter im Einsatz, die ständig an- und abfliegen. Wenn man Glück hat, erwischt man den Helikopter mit drei Zweierreihen, wenn nicht, besteht die Möglichkeit, dass man in einer Dreierreihe in der Mitte sitzen muss. Die Passagiere werden vor dem Flug gewogen, eingereiht und dann in Einerkolonne zum Heli geführt. Das hat den Vorteil, dass sich keiner den Sitzplatz aussuchen kann. Natürlich wird das Einsteigen gefilmt und jeder muss freundlich in die Kamera winken. Dann geht's los, der Heli hebt ab und verschwindet kurz darauf hinter dem Hügel. Nach ein paar Minuten taucht er über der Stadt wieder auf und schwenkt kurz darauf in den Landeanflug auf den Heliport. Nach der Landung schnell aussteigen, natürlich schön der Reihe nach und nochmals in die Kamera winken. Dann wird die Gruppe in den Filmraum geführt, wo sie warten müssen, bis der Film zusammengeschnitten ist. Das Video dauert etwas länger als die echte Flugzeit, das Wetter ist schöner und die Fälle führen viel mehr Wasser als heute, aber das scheint niemanden zu stören und fast jeder Teilnehmer kauft eine Kopie für rund 50 Franken.

Der Eingang zu den Fällen liegt fast mitten in der Stadt und wie sollte es anders sein, auch hier wartet man sehnsüchtig auf ein paar Dollar.

Zimbabwe ist bekanntlich ein sehr armes Land und die dreissig US-Dollar für den Eintritt sind deshalb verständlich.

Die Fälle sind wirklich beeindruckend, obwohl der Wasserstand zu dieser Jahreszeit fast den tiefsten Punkt erreicht hat. Der Vorteil ist, dass mit wenig Wasser alle Fälle gut sichtbar sind. Bei Hochwasser gibt es so viel Gischt, dass ein grosser Teil davon im Nebel verschwindet. Dafür wird es wohl ohrenbetäubend Donnern, was jetzt eher diskret ist. Nach zwei Stunden haben wir alle Aussichtspunkte besucht, sind hungrig und machen uns auf den Weg zum Ausgang, wo wir von unserer Fahrerin erwartet werden.

Auf dem Weg zum Restaurant zeigt sie uns noch den vermeintlich grössten Baobab in Zimbabwe, und fährt uns dann zu einem Nobelhotel am Rande der Stadt. Von der Terrasse des Restaurants sehen wir über den Nationalpark und staunen, wie viele Geier hier anwesend

sind, obwohl nirgendwo Aas herumliegt. Bald schon finden wir heraus was es mit den Geiern auf sich hat. Gegen eine Gebühr können die Gäste bei der Fütterung der Geier hautnah dabei sein. Zwei Wärter tagen grosse Säcke mit Fleischabfällen den Hang hinunter. Dahinter, in Einerkolonne, kommen gegen zwanzig Touristen. Ein Unterstand gleich neben dem Fütterungsplatz schützt die Besucher wohl vor Kot, den die Vögel ab und zu fallen lassen. Der Anmarsch der Truppe ist den Vögeln wohlbekannt und signalisiert, dass es da etwas zu fressen gibt. Schon während die Wärter die Fleischabfälle auf dem Platz verteilen, geht das Gerangel um die grössten Brocken los. Unten und oben auf der Terrasse wird fotografiert und gefilmt, was das Zeug hält. Nach einer Viertelstunde ist der Spuck vorbei. Die letzten Reste sind aufgeputzt, die Geier sitzen vollgefressen am Teich nebenan, und die Touristen machen sich auf den Weg zurück zum Restaurant.

Bevor wir etwas zu Essen bestellen können, kommt unsere Fahrerin zu uns an den Tisch und teilt uns mit, dass sie mit dem Fahrzeug Probleme habe. Sie kann den Zündungsschlüssel nicht mehr drehen und somit das Auto nicht starten. Sie meint, dass es schon gut eine Stunde dauern werde bis der Toyota geflickt sei. Wir sollen uns also etwas Schönes zum Essen bestellen und uns nicht beeilen. Sie verabschiedet sich und verspricht, sich sofort zu melden, wenn das Auto wieder laufe.

Es ist über fünfunddreissig Grad und es geht kein Lüftchen. Inzwischen ist es vier Uhr, wir haben ein volles Menu verputzt und einiges an Flüssigkeit zu uns genommen. Unsere Fahrerin hat sich vor rund vier Stunden für eine Stunde abgemeldet. Was ist da los? Es wird hier schnell dunkel und ich habe mal gelesen, dass der Grenzposten irgendwann um sechs oder sieben geschlossen wird. Ich zum Parkplatz und stelle fest, dass unser Bus nicht mehr da ist. Wenn er fahren konnte, warum hat sie uns nicht mitgenommen?
Ich schaue mich nach einem Parkwächter um den ich fragen könnte, aber leider ist keiner zu sehen. So gehe ich zur Rezeption des Hotels und frage nach: «Weiss jemand etwas von einem Bus, der defekt ist?» Einer der Anwesenden Rezeptionisten meldet sich. «Ja, da war eine Frau, die von hier die Toyota Garage angerufen hat. Die sind gekommen, haben versucht das Fahrzeug zu reparieren, was leider nicht gelang. Kurz darauf ist ein Lastwagen gekommen, der das Fahrzeug aufgeladen hat, dann sind sie weggefahren.»
Nun weiss ich Bescheid, aber wie geht es weiter? Zur Sicherheit frage ich schon mal nach: «Haben sie zwei freie Zimmer, falls das Fahrzeug nicht rechtzeitig zurückkommt?»
Er antwortet geschäftsbewusst: «Kein Problem, sie sind herzlich willkommen.»
Meine nächste Frage ist dann schon etwas schwieriger für ihn: «Wissen sie, wie lange der Grenzübergang nach Botswana am Abend geöffnet ist?»

Nun muss er eine Kollegin fragen, aber auch die weiss es nicht. So greift er zum Telefon und ruft jemanden an. Dann kommt er mit der Antwort. «Im Büro haben sie mir gesagt, dass der Übergang bis sieben Uhr offen ist.»

Zurück bei Beni und den Kollegen aus Köln erzähle ich die Geschichte. Was bleibt uns anderes übrig, als ein neues Bier zu bestellen und abzuwarten? Nach einer weiteren Stunde; die Erlösung. Unsere Chauffeuse meldet sich bei uns am Tisch. Sie ist ziemlich nervös und bittet um Entschuldigung für die lange Wartezeit. Da das Schloss sich auf keine Art überlisten liess, musste es ausgetauscht werden und das ging nur in der Werkstatt. Nun ja, sie hätte uns das ja irgendwie mitteilen können, so dass wir zumindest gewusst hätten, was los war. Nun eilt es sehr. Sie möchte noch bei Tageslicht zurück über die Grenze und wir schaffen es tatsächlich noch bevor die Sonne ganz hinter dem Horizont verschwindet.

Die Dämmerung dauert hier nicht sehr lange und so ist es dunkel als wir das Hotel erreichen. Nach einer schnellen Dusche treffen wir uns mit den mitgereisten Franz und Ingrid im Restaurant zum Nachtessen. Es steht Rindercurry oder Poulet Curry zur Auswahl dazu Reis und Gemüse. Als Vorspeise eine Gemüsesuppe und zum Dessert ein Stück Kuchen. Wir sind durch die Umstände etwas spät dran und was wir nun vorgesetzt bekommen übertriff alle Erwartungen im negativen Sinn. Die Suppe ist verkocht und schmeckt angebrannt. Das Poulet Curry ist knapp geniessbar und mein Rindercurry besteht nur aus Knorpel und Sehnen. Fleisch finde ich beim besten Willen keines.
Ich rufe den Kellner und bitte ihn, das Zeugs wieder in die Küche zu nehmen und mir etwas Essbares zu bringen. Er lacht, nimmt den Teller mit und bringt einfach das Dessert. Leider ist das genauso schlecht, wie der Hauptgang. Es ist ein undefinierbarer Kuchen pampig und ohne Geschmack. Das einzig Gute ist der Südafrikanische Rotwein, den mir Beni immer schön nachfüllt um zu verhindern, dass ich mich persönlich in der Küche melde.

Die Rechnung kommt wie gewohnt mit allen Gerichten drauf, obwohl ich mein Essen postwendend zurückgegeben habe. Ich bin stinksauer und möchte mit dem Chef sprechen, aber der ist nicht anwesend. So bleibt mir nichts anderes übrig, als die Faust in der Tasche zu machen. Wir nehmen uns vor, morgen nach einem schönen Restaurant in Kasane Ausschau zu halten .

Nach dem Wein und ein paar Bier ist dann der Hunger weg und der Ärger etwas verflogen und so gegen elf verabschieden wir uns von Ingrid und Franz. Unser Zimmer ist angenehm kühl und die Tür lässt sich nun auch von innen verschliessen. So haben wir nach einem interessanten Tag eine ruhige, angenehme Nacht vor uns.

16. Flussfahrt auf dem Chobe

Wir haben etwas länger geschlafen als üblich und machen uns gegen zehn auf den Weg nach Kasane. Unser Ziel ist die Chobe Marina Lodge, wo wir uns nach dem kulinarischen Reinfall von gestern Abend ein ausgiebiges Frühstück leisten wollen. Die Lodge liegt mitten in Kasane, hat einen schönen Park mit alten Baumbeständen und beherbergt vor allem Touristen, die in grösseren und kleineren Gruppen reisen. Unser Land Cruiser steht deshalb etwas verloren und deplatziert auf dem Parkplatz. An der Rezeption erklingt ein freundliches guten Morgen und kaum an einem Tisch Platz genommen, rauscht die Bedienung herbei und fragt nach unseren Wünschen. Wir bestellen Kaffee, gehen dann ans Buffet und holen uns die ersten Köstlichkeiten. Das Angebot und die Qualität sind ausgezeichnet, nicht zu vergleichen mit dem, was wir in der «The Big 5 Chobe Lodge» bekommen haben. Wir lassen uns viel Zeit und geniessen das Essen und den schönen Garten. Rundum zufrieden und satt rufen wir die Bedienung, um zu bezahlen. Dabei müssen wir feststellen, dass hier wohl sehr selten Gästen von ausserhalb zum Frühstück kommen. Ganze erstaunt sagt uns das Mädchen: «Das ist hier nicht üblich. Wie ist ihre Zimmernummer?»
«Wir wohnen nicht hier», antworte ich «wir sind in einem anderen Hotel.»
«Oh, dann müssen sie wohl an der Rezeption bezahlen.»
Wir gehen zur Rezeption und ich erkläre der Dame den Sachverhalt. Leider kennt auch sie sich nicht aus und eine andere Rezeptionistin wird gerufen. Schlussendlich können wir bezahlen. Da es uns gut gefallen hat, fragen wir, ob wir heute Abend auch zum Nachtessen kommen dürfen.
«Klar, wir freuen uns, wenn sie zu uns kommen», ist die Antwort.
Sicherheitshalber frage ich noch nach: «Haben sie am Abend auch eine Speisekarte oder gibt es nur ein Buffet?»
«Ja, wir haben auch eine Karte, sie können wählen.»
«Super, dann reservieren sie uns bitte einen Tisch für zwei Personen ab sieben Uhr.»
«OK, machen wir. Danke!»

Nun geht es zum Einkaufen, denn morgen steht die Fahrt nach Savuti auf dem Programm. Im «Spar» in Kasane gibt es alles, was wir für die Weiterreise brauchen. Neben viel Wasser und anderen Getränken, kaufen wir auch wieder ein wunderschönes Rindsfilet, etwas Gemüse, Kartoffeln und Teigwaren stehen natürlich auch auf dem Einkaufszettel. Nachdem wir alles besorgt haben, geht es zurück in unsere Lodge.

Wir sind um halb zwei mit einem Guide verabredet, der uns auf eine Bootsfahrt auf dem Chobe mitnimmt. Er kommt auch ziemlich pünktlich, aber er erklärt uns, dass wir nicht hier ins Boot einsteigen, sondern in Kasane. Wir klettern also in seinen Jeep und er fährt uns zu einem kleinen Bootsplatz gleich neben der Chobe Safari Lodge in Kasane. Nachdem wir im Boot sitzen, erklärt er uns die bevorstehende Fahrt. Zuerst geht es den Flusslauf hinunter bis zu den Stromschnellen vor Kazungula. Danach hinauf, dem Chobe Nationalpark entlang, bis zu den kleinen Inseln vor dem Park.

Unser Guide, er heisst Ngomo, erklärt uns, dass wir heute die einzigen Gäste sind. Wir sind darüber nicht traurig, denn so können wir die Fahrt richtig geniessen. Ngomo ist ein sehr netter Kerl und er scheint sich wirklich darauf zu freuen, mit uns alleine zu fahren, obwohl das Trinkgeld mit mehr Teilnehmern möglicherweise etwas üppiger ausfallen würde.

Wir legen ab und fahren den Fluss hinunter Richtung Kazungula. Es dauert nicht lange und wir sehen Felsen aus dem Fluss ragen und die Strömung wird stärker. Nun wird auch klar, warum wir nicht direkt vor der Lodge in das Boot einsteigen konnten. Wir hören das Rauschen des Wassers weiter unten und nehmen an, dass man da wohl nicht hindurch fahren kann. Unser Guide steuert an ein paar Felsen vorbei zwischen kleinen Inseln hindurch. Er kennt die verschiedenen Vogelarten und weiss über alle etwas zu erzählen. Hypos gibt es hier keine, die Strömung zwischen den Inseln und Felsen ist zu stark. Dafür sehen wir einige, zum Teil grosse Krokodile, die faul am Inselrand liegen.

Nach einer guten halben Stunde geht es den Fluss hinauf, Richtung Chobe Nationalpark. Der Fluss wir breiter und die ersten Elefantenherden sind an den Ufern zu sehen. Bevor wir die Grenze des Chobe Nationalparks überqueren, muss unser Guide den Parkeintritt anmelden und bezahlen. Es stehen schon einige Boote in der Bucht und es dauert ein Weilchen, bis sich Ngomo zum Zahlhäuschen durchgekämpft hat. Die Baracke steht am Ende eines halsbrecherischen Stegs, der mit einigem Geschick überwunden werden muss.

Nach ein paar Minuten ist Ngomo zurück und bereit loszufahren. Doch inzwischen versperren einige, zum Teil sehr gross Boote mit mehr als dreissig Passagieren, den Weg zum offenen Gewässer. Gekonnt kämpft sich unser Kapitän durch das Gewimmel der Boote. Erstaunlich, niemand ärgert sich über das Stossen und Schieben, obwohl alle so schnell wie möglich in den Park möchten. Als sich ein Boot mit Passgieren ohne Guide selbständig macht, sind andere Boote sofort zur Stelle und ziehen es zurück an Land. Der Guide und gleichzeitig Bootsführer war im Zahlhäuschen und sucht nun, unter dem Gelächter der anderen Guides, sein Boot.

Auf der Namibischen Seite, direkt gegenüber, ist der Kasika Nationalpark, ein riesiges Sumpfgebiet das jetzt, gegen Ende der Trockenzeit, wenig mit einem Sumpf gemein hat. Hier gibt es jetzt grosse grüne Grasflächen und Gebüsche. Ein Schlaraffenland für Elefanten, Büffel, Zebras und Antilopen. Die Flächen sind gross und übersichtlich, so dass mögliche Feinde schon von Weitem sichtbar sind. Die einzigen gefährlichen Räuber in diesem Sumpfgebiet sind die Krokodile, die überall im Fluss und in den Tümpeln im Wiesland auf Beute lauern.

> Nach dem Nationalpark auf namibischer Seite beginnt das Sumpfland von Mbalasinte. Ein sehr dünn besiedelter, knapp dreissig Kilometer breiter Streifen von Namibia, besser Bekannt als Caprivistreifen. Er ist eingezwängt zwischen Botswana und Sambia und, weiter westlich, Angola.

Die Uferböschung auf der namibischen Seite ist in dieser Jahreszeit knapp ein Meter hoch. In der Regenzeit fliesst der Chobe bis drei Meter höher als jetzt und dann sind diese Grasflächen während Monaten unter Wasser. Wir sehen im Vorbeifahren zwei Lodges, die auf hohen Stelzen drei bis vier Meter über dem Wasser gebaut sind.

Wir stoppen auf einer kleinen Insel und schauen zu, wie eine grosse Herde Elefanten den Fluss überquert. Es sind an die fünfzig Tiere, die da mehr oder weniger in Einerkolonnen durch den Fluss waten oder schwimmen.

Ich erinnere mich plötzlich an Fotos, die ich gesehen habe, die vor fast hundert Jahren aufgenommen wurden, sie zeigen schwarze Träger die mit riesigen Stosszähnen beladen sind. Wir haben nun schon an die tausend Elefanten gesehen, aber keiner hatte nur annähernd solche riesigen Stosszähne wie die auf den Bildern. Da unser Guide alles zu wissen scheint frage ich mal nach. Ich erzähle ihm von den Fotos, die ich in alten Büchern gesehen habe.

«Weisst du wo die Elefanten her sind, die auf den Bildern so grosse Stosszähne hatten?»

Er schaut mich mit gerunzelter Stirn an und erklärt mir: «Damals gab es tatsächlich viele Elefanten mit monströsen Stosszähnen. So um 1850 begann die grosse Jagd nach dem Elfenbein und man nimmt an, dass ab dieser Zeit in Ostafrika pro Jahr 40'000 bis 60'000 Elefanten erlegt wurden. Natürlich hat man zuerst die Tiere geschossen, die die grössten Stosszähne hatten. Das waren oft Bullen im besten Alter und zugleich auch die, die bei den Kühen am meisten Erfolg hatten. Seither begatten kleinere Bullen mit kleinen Stosszähnen Kühe mit ebenfalls kleinen Stosszähnen. Das Zuchtergebnis ist nun gut sichtbar.

Inzwischen haben sich die Bestände, vor allem in Botswana, wieder etwas erholt, aber immer noch werden Elefanten gewildert. Man nimmt an, dass jährlich bis zu 20'000 Tiere den Wilderern zum Opfer fallen.»

Ein Teil der Herde ist inzwischen bei uns angelangt. Sie sind, nur zwanzig oder dreissig Meter neben uns aus dem Wasser gestiegen und beobachten uns. Ich möchte lieber nicht zu Fuss hier sein, aber auf dem Boot fühlen wir uns sicher. Der Motor läuft und wir könnten uns jederzeit auf dem

Fluss in Sicherheit bringen. Es ist ein grosses Erlebnis, so nahe bei den Elefanten zu sein.

Ein paar Meter weiter grasen zudem mächtige Büffel. Auch mit ihnen ist nicht zu spassen, wenn man an Land unterwegs ist. Hier auf dem Boot können wir uns das ganz aus der Nähe und in aller Ruhe ansehen.

Wir fahren noch eine Weile flussaufwärts und bewundern die reiche Tierwelt am Fluss. Hypos, Antilopen, Wasserböcke, Büffel, Zebras und immer wieder Elefanten.

Die Zeit vergeht im Flug und die Sonne senkt sich langsam gegen den Horizont. Die Farben werden kräftiger, aber nun heisst es auch, an die Rückfahrt zu denken. Im schönsten Sonnenuntergang fahren wir zurück zum Ausgangspunkt am Ufer bei der Chobe River Lodge.

Nach der Dusche sind wir zum Ausgang bereit. An unserem letzten Abend am Chobe erwartet uns ein gediegener und gemütlicher Abend mit einem feinen Nachtessen. Als wir losfahren ist der Mond noch nicht aufgegangen und es ist stockdunkel. Wir kennen den Weg und wissen, dass auf der Fahrt grösste Vorsicht geboten ist. Zwischen unserem Hotel und Kasane ist die Strasse nicht beleuchtet. Der Wildwechsel dazwischen liegt deshalb in völliger Dunkelheit und da haben wir dann wirklich Glück. Der Gegenverkehr blendet ungemein, ich glaube jeder stellt die Scheinwerfer so ein, wie es ihm gerade passt oder alle kennen gar nur Fernlicht. Auf jeden Fall fahren wir mit knapp dreissig und sind wahrscheinlich ein Verkehrshindernis für Botswani, die nachts scheinbar so gut sehen wie Eulen. Plötzlich fliegt etwas von rechts durch die Luft, praktisch über die Kühlerhaube. Zeit zu Bremsen gab es nicht, glücklicherweise hat es uns ganz knapp verfehlt. Beni und ich sind uns einig, das Flugobjekt war eine Impala Antilope. Noch etwas vorsichtiger und langsamer fahren wir weiter und sind erleichtert als wir in die beleuchtete Geschäftsstrasse von Kasane einbiegen können.

Der Portier der Chobe Marina Lodge kennt unser Fahrzeug und lässt uns auf den Parkplatz direkt vor das Hotel fahren. Diesmal melden wir uns zuerst an der Rezeption an, um nicht den Anschein zu erwecken Hotelgäste, zu sein. Die Dame am Empfang winkt dem Servicepersonal und wir werden von einer netten Kellnerin zu dem für uns reservierten Tisch begleitet. Kurz darauf kommt sie mit der Weinkarte zurück und sagt: «Sie können sich jetzt am Buffet bedienen. Es gibt viele Köstlichkeiten und sie dürfen sooft hingehen, wie sie möchten.»
Das war eigentlich nicht unsere Vorstellung. Die Buffets sind auf der ganzen Welt meist ziemlich gleich, Hausmannskost, mit viel Fett oder Butter, aber nichts wirklich Gutes. Ob es hier anders ist? Wir tun der netten Dame den Gefallen, gehen ans Buffet und begutachten das Angebot an Speisen. Mehrere «Köche» stehen bereit, um uns beim Füllen der Teller zu helfen. Wir gehen an jedem Topf vorbei und lächeln sie an. Sie lächeln genau so freundlich zurück und sind dann enttäuscht, dass wir keine Teller dabeihaben, die sie füllen können. Das Hotel beherbergt Gruppen, die jeweils ein, maximal zwei Tage bleiben und da

ist so ein Buffet ganz praktisch und gibt weniger Arbeit. In der Erwartung bestätigt, gehen wir ohne Teller und Essen zurück an unseren Tisch. Die Kellnerin hat uns beobachtet und kommt sogleich herbeigeeilt.

«Ist das Essen nicht gut?» Fragt sie besorgt.

«Doch, doch, aber wir haben uns etwas anderes vorgestellt. Heute Morgen, nach dem Frühstück haben wir einen Blick in die Speisekarte geworfen. Da haben wir ein Rinderfilet Tournedos gesehen und das wäre eigentlich etwas für uns.»

Sie schaut etwas verwundert drein. «Was war denn das für eine Karte?»

«Die Speisekarte der Lodge für den Abend», antworte ich.

«Ja, dann muss ich mal nachfragen, ich weiss nichts von einer Speisekarte.»

Nach einer Weile kommt sie zurück. «Wer hat ihnen die Karte gezeigt?»

«Der Kellner, der heute Morgen Dienst hatte, aber ich weiss beim besten Willen nicht, wie er hiess.»

Sie geht wieder weg und kommt kurz darauf mit einem Kellner zurück und der meint. «Ich war heute Morgen im Dienst, aber ich weiss von nichts.»

Nun erzähle ich die ganze Geschichte von heute Morgen nochmals und siehe da, er scheint zu verstehen, um was es geht. Kurz darauf kommt er lächelnd mit der Speisekarte in der Hand zurück.

Wir bestellen schon mal eine Flasche Wein und studieren dann die Karte. Das Tournedos ist noch drauf und wir sind sicher, dass wir damit die richtige Wahl treffen.

Der Wein kommt und wir können unser Tournedos bestellen. Etwas verwundert sind wir schon, als er einfach wieder geht, ohne uns zu fragen wie wir es gerne möchten. Kurz darauf kommt der grosse Koch, der hinter dem Buffet seine Gehilfen überwacht hat gutgelaunt und lachend an unseren Tisch. Er freut sich aufrichtig, dass es Leute gibt, die etwas richtig Feines essen wollen. Er entschuldigt sich für die Kellner, die keine Ahnung hätten und fragt uns welchen Garzustand das Fleisch haben soll und ob es OK sei, wenn er es nach «Art des Hauses» macht. «Klar, machen sie es nach «Art des Hauses und medium gegart.» Er lacht breit und verschwindet fröhlich in der Küche.

Während wir auf das Essen warten kommt eine Gruppe von etwa dreissig Personen ins Restaurant. Sie sind nicht zu übersehen und schon gar nicht zu überhören. Es ist auch nicht schwer herauszuhören, woher sie kommen, aber das sage ich nicht, sonst könnte man meinen, ich sei rassistisch. Sie folgen einer jungen Frau, die entweder die Anführerin oder die Reiseleiterin ist, zum grossen gedeckten Tisch am anderen Ende des Restaurants. Keiner nimmt Platz. Sogleich werden die Stühle mit Taschen, Fotoapparaten und allen möglichen Utensilien belegt, die bei der Schlacht am Buffet hinderlich sein könnten. Dann geht es los, die Köche hinter dem Tresen haben nun alle Hände voll zu tun. Mit vollen Tellern gehen sie neben uns vorbei. Es ist unglaublich, was man so alles auf einen Teller packen kann. Von der Vorspeise bis und mit Dessert scheint alles drauf Platz zu finden.

Beni und ich sind froh, dass wir da nicht mitmischen müssen. Gerne warten wir auf unser Essen, auch wenn wir nicht genau wissen, was wir bekommen. Dann ist es soweit, zwei Kellner kommen mit unserem Filet Tournedos und in deren Schlepptau der grosse Koch. Sie stellen die Teller, wie in einem guten Restaurant in der Schweiz, gleichzeitig vor uns hin und wünschen einen guten Appetit. Der Koch, sichtlich stolz auf seine Spezialität, fragt: «Darf ich nach dem Essen vorbeikommen und sie fragen, wie es war?» «Klar, wir geben gerne unseren Kommentar.» Der Trupp zieht sich zurück und wir begutachten vorerst mit den Augen, was da auf dem Tisch steht. Es ist sehr schön angerichtet und sieht so lecker aus, dass wir nicht warten, bis es kalt wird und gleich loslegen. Das Filet ist traumhaft, genau auf den Punkt gebraten. Darunter liegt zu unserer Überraschung an Stelle eines Entenleber Parfaits eine Scheibe Blauschimmelkäse. Die Kombination ist wirklich gelungen und wir sind beide hell begeistert. Auch die Beilagen Gemüse und Pommes sind sehr gut. Wir sind froh, dass wir uns standhaft gegen das grosse Buffet gewehrt haben und geniessen es, hier zu sein.

Nach dem Essen bestellen wir uns noch einen Kaffee und da kommt auch schon der Koch zu uns an den Tisch. «Wie war es denn?», fragt er gespannt.

Etwas zerknirscht antworte ich. «Das Ganze war sehr gut, es ist nur ein Fehler auszumachen.»

Er schaut nun etwas betrübt drein. «Was war nicht OK?»

«Ich wollte sagen, der einzige Fehler war, dass wir nicht schon gestern hier waren. Wir reisen leider morgen ab und können deshalb nicht nochmal vorbeikommen.»

Nun strahlt er uns richtiggehend an. «Dann war also alles OK?»

«Klar doch, es war sogar ausgezeichnet. Da könnten sich ein paar Spitzenköche in Europa noch ein Stück abschneiden.»

Er freut sich so über das Kompliment, dass er fast Tränen in den Augen hat. Ich glaube, dass er ein Koch mit Leidenschaft ist, aber hier nur sehr selten Gelegenheit hat, das auszuleben.

Auch das schönste Nachtessen geht mal zu Ende und wir müssen uns auf den Weg zu unserer Bleibe machen. So richtig freue ich mich auch nicht auf die Fahrt durch die Nacht, aber vielleicht ist inzwischen der Mond aufgegangen und es ist nicht mehr so finster, wie auf der Hinfahrt. Die Hoffnung ist leider vergebens, es ist kurz nach Neumond und weit und breit kein heller Schein am Himmel. Vorsichtig fahren wir den Weg zurück zur Lodge. Gut angekommen nehmen wir an der Bar noch einen Schlummertrunk und gehen dann schlafen.

17. Zurück in den Chobe NP nach Savuti

Gut ausgeruht sind wir um sechs Uhr auf den Beinen. Die Kühlbox hatte genug Strom, so dass die Vorräte und Getränke gut gekühlt sind. Der Tank ist voll und so sind wir schon gegen sieben Uhr unterwegs. Der erste Teil der Strecke führt wieder auf der Teerstrasse durch den Park nach Mabele. Ich kann noch etwas dösen, denn diesmal ist Beni die Fahrerin. Nur an den obligaten Strassenkontrollen am Eingang und Ausgang des Parks bin ich gefragt. Das richtige Buch für den Eintrag zu finden ist wieder mal die grösste Herausforderung, Kurz nach Mabele beginnt der Track nach Linyanti und Savuti. Diesmal geht es eher etwas bergauf, die Piste ist schmal und manchmal tief sandig. Für uns heisst das, die Luft muss wieder aus den Reifen und ich übernehme das Steuer. Es ist wieder über 40 Grad und wir sind froh, dass die Klimaanlage unter diesen extremen Temperaturen ihren Dienst tut. Entgegenkommende Fahrzeuge sind von Weitem sichtbar und wir haben genug Zeit einen Ausweichplatz zu suchen. Tiere sehen wir leider nicht allzu viele, nur ein paar Elefantenbullen und Antilopen. Es scheint, dass die Hitze auch ihnen etwas zu schaffen macht und sie lieber im Schatten der Büsche ruhen.

Gegen elf sind wir am Eingang zum Campingplatz in Savuti. Die Begrüssung ist wieder sehr herzlich. Der junge Mann, der uns bei unserem letzten Besuch in schmucker Uniform empfangen hat und uns ein paar Büchsen Cola verkaufte, erinnert sich noch an uns.
«Hallo, schön, dass ihr wieder hier seid. Wie war die Fahrt nach Linyanti und wie hat es euch gefallen?», fragt er uns sogleich.
«Ja, wir waren da und es hat uns ganz gut gefallen. Auch die Fahrt war OK, keine Probleme.»
Er scheint sich wirklich zu freuen. «Das ist ja wunderbar, wir haben von einigen Touristen ein anderes Feedback zum Track bekommen.»
«Das waren wohl die Colas, die du uns verkauft hast und die guten Tipps von dir, dass wir so gut durchgekommen sind. Aber sag mal, wo ist denn deine schmucke Uniform die du das letzte Mal getragen hast?» frage ich ihn.

Er lacht: «Heute ist doch Sonntag und da tragen wir nie Uniform, zudem ist heute mein freier Tag.»

«Wenn das dein freier Tag ist, warum bist du dann hier?» frage ich ihn.

«Ich bin so gerne hier, dass ich auch in meiner freien Zeit hier arbeite.»

In diesem Moment betritt ein anderer Mann die Rezeption und kommt direkt auf mich zu.

«Hallo, Freund, bist du auch wieder im Land?»

Etwas verwundert schaue ich mir den Mann genauer an. Er ist schwarz und trägt eine Kakiuniform, wie ihn die Guides üblicherweise tragen. Er grinst mich an und erklärt: «Du warst doch in Linyanti, als der Elefantenbulle den Platz unsicher machte. Ich war der Guide, der geholfen hat ihn zu vertreiben.»

Nun erkenne ich ihn auch wieder.

«Ja, genau, aber wir hatten keine Probleme mit ihm, das waren die weissen Botswani, die den Ärger hatten. Wobei ich nicht ganz sicher bin, wer daran schuld war. Wie ich gehört habe, haben sie versucht, den Bullen zu vertreiben und das ist ja sein Gebiet.»

Er klopft mir auf die Schulter und meint lachend: «Ich glaube auch, dass du recht hast, aber wir müssen die Touristen irgendwie beschützen, die bringen uns das Einkommen.»

Wir erhalten einen Platz zugeteilt und wollen gerade wegfahren, da kommt ein Pärchen in die Rezeption. Sie sprechen schweizerdeutsch miteinander. Ich höre wie sie an der Rezeption fragen, wo sie die Batterien zur Kamera aufladen können. Ich warte noch einen Moment und höre, dass das etwas kompliziert ist. Wir haben einen Transformer, den wir an der Autobatterie anschliessen können mit einer Ausgangsspannung von 230 Volt und daran können alle Verbraucher angeschlossen werden, die nicht mehr als 500 Watt ziehen. Ich mache ihnen den Vorschlag, dass sie zu unserem Platz kommen, das Gerät ausleihen oder die Batterien bei einem Bier bei uns aufladen. Sie nehmen das Angebot gerne an und kommen bald schon zu unserem Platz. Wir setzen uns in den Schatten der Bäume, geniessen ein kühles Bier und plaudern über unsere Erlebnisse, derweil die Batterien geladen werden.

Die beiden sind etwa Mitte zwanzig und das erste Mal mit einem Allrad unterwegs. Sie waren auch noch nie in Afrika und haben sich wohl auch nicht genügend auf die Reise vorbereitet. Margrit und ihr Freund Tony sind inzwischen zwei Wochen unterwegs und haben noch gut eine Woche vor sich. Sie haben viel erlebt und einiges zu berichten, wenn sie wieder zu Hause sind. Margrit erzählt uns ein paar Geschichten der letzten Tage:

«Wir haben den Hilux bei Britz in Windhoek gemietet und sind via Maun auf der Transitstrasse nach Savuti und von hier dann die Kurzstrecke nach Linyanti gefahren. Das war der reine Horror.» Sie schaut ihren Freund an und der nickt ziemlich zerknirscht.

Gespannt schauen wir die beiden an. «Was ist denn passiert?»

«Wir sind hier losgefahren und schon nach der ersten Kurve im Sand stecken geblieben. Tony und ich haben abwechselnd die Räder freigeschaufelt. Dann sind wir eingestiegen, aber nach ein paar Metern standen wir wieder im Sand. Tony hatte die Idee, die Fussmatten aus der Kabine als Anfahrhilfen zu verwenden. Geholfen hat das leider jeweils nur sehr kurz. Ich bin dann draussen geblieben, Tony ist über die Matten angefahren, dann lief ich mit den Teppichen hinterher, bis er wieder im Sand stecken blieb und das war nach maximal vünfzig Metern meist wieder der Fall.»

«Habt ihr denn keine richtigen Sandmatten in der Fahrzeugausrüstung?» frage ich sie.

Sie schaut mich erstaunt an. «Was ist das? Habt ihr so etwas dabei?» Ich öffne den Deckel zum Transportraum und zeige ihnen wie die Dinger aussehen.

«Nein, so etwas haben wir noch nie gesehen.»

Zurück am Tisch erzählt sie weiter. «Wir haben diese Aktion bis Linyanti noch ein paar Mal wiederholt. Ich habe das Gefühl, ich bin die halbe Strecke mit den Bodenteppichen hinter dem Auto hergelaufen. Nach ungefähr fünf Stunden hatten wir es geschafft, und sind völlig kaputt auf dem Campingplatz angekommen. Nach dem Einrichten auf dem Platz haben wir dann auch noch festgestellt, dass die Kühlbox im Fahrzeug nicht richtig befestigt war und das Gerät auf der ruppigen Piste durch den Laderaum geflogen ist. Das hat es nicht überlebt. Der

Elektroanschluss war ausgerissen, der Deckel aufgeflogen und alle Esswaren und Getränke lagen im Laderaum verteilt.

Zu allem Überfluss haben wir dann auch noch festgestellt, dass wir mehr Diesel verbraucht hatten als angenommen. Zurück nach Savuti und dann nach Maun, wie geplant, ging nicht mehr. Wir mussten nach Kasane Diesel tanken, Kühltruhe flicken lassen und Proviant auffüllen.» Sie lacht etwas gequält. «Interessant war die Reise in Botswana trotz allem und wir würden es wieder machen, aber auf jeden Fall würden wir es etwas anders angehen.»

Die Kühlbox konnte in Kasane nicht repariert werden, so dass es bei ihnen nun keine kühlen Getränke mehr gibt und sie sich hauptsächlich mit Büchsenkost begnügen müssen.

Die beiden, insbesondere Margrit, die bei über vierzig Grad Hitze hinterherlaufen musste, können einem schon etwas leidtun, aber für junge Leute ist das Abenteuer. Für ältere wären solche Erlebnisse möglicherweise ein Grund für einen Herzinfarkt. Ob sie wohl gewusst haben, dass rund um Savuti sehr viele Löwen unterwegs sind, auch wenn man sie nur wenig sieht, so sind sie doch da und eine rennende Person wäre sicher eine Attraktion für sie.

Wie sich im weiteren Gespräch herausstellt haben sie auch noch nie etwas vom reduzieren des Reifendrucks im Sand gehört. Später sehe ich dann auch noch mal das Fahrzeug etwas genauer an und stelle fest, dass normale Strassenreifen drauf sind. Ich frage mich, ob das bei Fahrzeugen von Britz Standard ist?

Die Batterien sind geladen, die beiden sind auf ihrem Campinglatz, und die grösste Mittagshitze ist vorbei. So machen Beni und ich uns bereit für eine Fahrt in die nähere Umgebung. Letztes Jahr waren hier zwei Löwenmännchen und vielleicht finden wir auch diesmal wieder Löwen. Das nötige Jagdglück in Bezug auf Löwen hat uns bisher etwas gefehlt. Wir fahren in Richtung Chobe South Gate und biegen dann rechts ab zu den Hügeln «Sable Hill».

Es ist kurz vor 16 Uhr und noch etwas zu früh auf die Pirsch zu gehen, weshalb nur wenig Fahrzeuge unterwegs sind. Die Guides mit ihren Gästen aus der Savuti Lodge kommen erst später, sie möchten ihren Besuchern auf jeden Fall etwas bieten. Sollten sie keine Grosskatzen finden, können sie ihnen zumindest einen schönen Sonnenuntergang zeigen. Für uns Camper ist das leider nicht so praktisch. Wenn wir zurück im Camp sind, muss zuerst das Zelt aufgestellt, dann das Feuer gemacht, gekocht, abgewaschen und wieder eingeräumt werden. Kommen wir nach Sonnenuntergang zurück, ist es sehr schnell Nacht und dann werden alle Arbeiten schwieriger und auch etwas gefährlicher. Wenn es dann ganz finster ist, ist auch der Gang zur Toilette und in die Dusche nicht mehr ganz so unproblematisch.

Die Löwen halten sich tagsüber irgendwo im Busch auf. Meist an einem schattigen Platz unter einem Baum mit offenem Blick auf die Savanne. Diesmal haben wir Glück, ein Rudel liegt im Schatten einiger Bäume. Sie sind leider etwas vom Track weg und nicht allzu gut sichtbar. Wir schauen ihnen ein Weilchen zu, wie sie faul herumliegen und da kommt auch schon das erste Fahrzeug mit einem Guide. Er hat keine Gäste dabei. Wahrscheinlich erkundet er zuerst mal die Umgebung, um dann seine Kollegen zu informieren, dass er Katzen gefunden hat. Nach ein paar weiteren Minuten, es ist inzwischen kurz nach 17 Uhr, tauchen mehrere Fahrzeuge am Horizont auf. Nicht lange und die ersten Fahrzeuge sind bei uns. Die Löwen nehmen keine Notiz von den Touristen, obwohl einige Guides versuchen, ihre Gäste näher heran zu bringen, damit sie ein schönes Foto machen können. Uns wird die Sache langsam zu bunt und wir fahren zurück zum Camp.

Nun haben wir genug Zeit und können bei Tageslicht alles für das Nachtessen und die Übernachtung vorbereiten. Ich mache ein schönes Feuer, damit wir später über der Glut unser obligates Filet braten können. Beni ist dabei, die anderen Sachen fürs Nachtessen vorzubereiten. Plötzlich hören wir unsere Nachbarn rufen. «Hallo, ihr zwei, passt auf, ihr bekommt Besuch.»
Ich schaue mich um, sehe aber keine Tiere in der Umgebung. «Wo denn?» rufe ich zurück.
«Schau mal hinter das Fahrzeug.»
Ein paar Meter hinter dem Auto kommt ein Elefantenbulle mit langsamen Schritten auf uns zu. Es bleibt nicht lange Zeit, das wichtigste vom Tisch zu nehmen und uns in die Führerkabine zu verdrücken.

Wir schliessen gerade die Tür, da kommt er auch schon ums Fahrzeug herum. Er schaut kurz zu uns in die Kabine und geht dann langsam weiter zum Tisch und dem Feuer. Am Tisch schnüffelt er an ein paar Gegenstände, findet aber nichts Essbares, geht zum Feuer und beschnuppert mit dem Rüssel die glühende Kohle. Er ist so nah an der Glut, dass er sich eigentlich den Rüssel verbrennen müsste. Ganz langsam geht er dann vom Feuer weg, an uns vorbei und über den Track zum nächsten Standplatz.

Heute werden wir nicht mehr gestört und können in Ruhe unser Nachtessen geniessen. Da unsere Südafrikanischen Nachbarn scheinbar ihre
Alarmanlage eingeschaltet haben, die ihnen nächtliche Besucher meldet, kann von ruhigem, erholsamen Schlaf keine Rede sein. Nachts ist
hier einiges los, Schakale, Hyänen und manchmal auch Löwen streifen
durchs Camp und der Alarm geht einige Male los.

18. Die letzten Tage in Botswana

Aus den zuvor erwähnten Gründen sind wir heute nicht sehr früh auf den Beinen. Auf jeden Fall sind wir froh, als wir sehen, dass unsere Nachbarn bereits weg sind, sonst hätte ich es mir wohl nicht verkneifen können, ihnen meinen Unmut auszurichten.

Es stehen nur 90 Kilometer Fahrt an und das auf einer Strecke die wir vom letzten Jahr kennen und von der wir wissen, dass sie einfach zu fahren und eher langweilig ist. Wir freuen uns aber auf unser Ziel, das Camp der Mankwe Busch Lodge, am Rand des Moremi Nationalparks.

Zunächst geht es auf der Sandridge Road durch den tiefen Sand von Savuti. Es ist Morgen, leicht feucht und kühl, und so ist der Track einfach zu befahren. Wir verlassen die Hauptroute und machen einen Abstecher um den Leopard Rock. Leider wird der «Rock» seinem Namen nicht gerecht und wir sehen keinen Leoparden und auch keine Löwen. Nur ein paar Antilopen kreuzen unseren Weg und so sind wir schon bald wieder auf dem Haupttrack unterwegs. Diesmal verzichten wir darauf, durch das Sumpfgebiet zu fahren und nehmen den direkten Weg zum Mahabe South Gate.
Es sind noch rund siebzig Kilometer, meist gerade durch die Steppe, bis zum Gate. Die Piste ist ganz gut, aber man darf mit der Aufmerksamkeit nie nachlassen, obwohl der vermeintlich gute Track, mit den leichten einschläfernden Wellen dazu verleitet. Die Frequenzen der Wellen können über längere Zeit konstant bei 20 bis 30 Metern Länge und 50 Zentimetern Tiefe liegen. Wenn sich das dann plötzlich auf drei bis vier Meter Länge und ein Meter Tiefe ändert, ist man schnell wieder hellwach. Leider ist es dann aber für eine Bremsung zu spät und alles, was nicht festgebunden ist, fliegt durch die Gegend.

Nach der letzten Nacht mit den vielen Alarmen bin ich durch das schöne wiegen auf der Piste bald mal im Dämmerzustand. Zweimal oder dreimal bin ich mit meiner Reaktion viel zu spät. Beni hängt fast an der Decke und ich in der Luft am Steuerrad. Der Lärm von der

Ladebrücke und vom Dachträger lassen erahnen, dass sich da einiges neu organisiert hat. Nach einer Weile wird es mir zu bunt, ich bin einfach zu müde und unkonzentriert, als dass ich gefahrlos weiterfahren dürfte. Da die Strasse nicht sandig ist kann ich Beni überzeugen, das Steuer zu übernehmen. Ich setze mich in den Beifahrersitz und versuche, etwas zu schlafen, während Beni das Fahrzeug mit leichten Wiegebewegungen den Track entlang steuert. Es dauert nicht allzu lang, bis auch ich fast an die Decke geschleudert werde. Kurz darauf kommen dann auch noch ein paar sandige Stellen. Beni lässt sich nur Dank meinem guten Zuspruch und dem Versprechen, dass ich schaufeln würde, zur Weiterfahrt bewegen.

Nach ein paar Kilometern hat sie genug und zum Schlafen bin ich auch nicht gekommen. So entscheiden wir uns für ein Powernap. Etwas ausserhalb des Tracks halten wir an. Schatten gibt es hier keinen und es ist 45 Grad und kein Lüftchen regt sich, so dass auch die heruntergelassenen Fenster keine Erleichterung bringen. Nach einer Weile in der Sauna überzeuge ich Beni unter der Drohung, dass sie weiterfahren muss, wenn sie nicht einverstanden ist, die Fenster zu schliessen, den Motor zu starten und die Klimaanlage einzuschalten. Das hilft, nach ein paar Minuten bin ich eingeschlafen. Beni schläft nicht, sie schreibt in ihrem Tagebuch und pünktlich, wie abgemacht, weckt sie mich nach einer halben Stunde. Ich bin zwar nicht ausgeschlafen, aber frisch genug, mich wieder auf die Piste zu wagen.

Nach einer weiteren Stunde sind wir am Mahabe South Gate. Ich verewige mich mal wieder pflichtbewusst in einem grossen Buch. Dabei höre ich, wie der Wildhüter einem Touristen erklärt: «Nehmen sie die Route durch den Sumpf nach Savuti. Ein paar Kilometer vom Gate wurde heute Morgen ein Rudel Löwen gesichtet.»

Na wunderbar, die Löwen haben sich uns bisher sehr wenig gezeigt. Sollen wir nun nochmals zurückfahren? Ich erzähle Beni davon, aber auch sie ist nicht so begeistert, nochmals in die Steppe zu fahren und dann vielleicht wieder ein paar Minuten zu spät zu sein.

So geht es weiter Richtung Mankwe Camp. Kurz nach dem Gate biegen wir in die bekannte Transitroad ein. Diesmal geht es nach links, Richtung Maun. Die Strasse ist sehr breit, aber die Oberfläche ist wie Wellblech und sehr staubig. Man muss mit ziemlich viel Tempo unterwegs sein, um nicht durchgeschüttelt zu werden. Plötzlich liegen grosse Steine und Baumstämme am Strassenrand und dann auch mitten auf der Strasse. Ein deutliches Zeichen, dass bald ein Hindernis kommt. Nach ein paar hundert Meter ist die Strasse ganz blockiert und ein schmaler Track führt nach links in den Busch. Direkt vor uns ist der Khwai River, in den die Transitroad führt. Wahrscheinlich ist die Furt beim momentanen Wasserstand einfach zu tief, so dass wir einen Umweg fahren müssen. Kreuz und quer gehts zwischen Bäumen und Büschen hindurch, rechts von uns sehen wir ab und zu den Flussarm, den wir dann wohl irgendwann überqueren müssen. Wir haben bei der letzten Fahrt auf der Transitroad Lastwagen gesehen und ich frage mich, ob die wohl auch durch den Busch fahren oder ob die die Furt auch bei höherem Wasserstand benutzen können. Der Track ist schmal und kurvenreich und wir haben Glück, dass uns nur ein Land Cruiser entgegenkommt und kein Lastwagen. Kurz danach stehen wir am Übergang durch den Fluss. Er ist hier nicht sehr breit und scheint auch nicht tief zu sein. Die geraden Spuren rein und raus sind sehr gut sichtbar, so dass ich ohne schlechtes Gefühl reinfahre. Danach geht es noch etwas hin und her, bis wir wieder zurück auf der Transitroad sind.

Die 27 Kilometer bis zur Einfahrt zur Manke Lodge legen wir in einer guten halben Stunde zurück. Wir sehen die Tafel rechtzeitig und biegen in den schmalen Weg ein, der zur Lodge führen soll. Die Landschaft hat sich wieder etwas geändert. Links und rechts des Pfades stehen niedriges Buschwerk und ein paar kleine Bäume mit kahlen Ästen und Kronen. Nach ungefähr drei Kilometern sehen wir ein grosses Zelt und ein

Schild weist drauf hin, dass sich die Besucher im Zelt anmelden müssen. Das Ganze wirkt ziemlich verlassen und da auf dem Parkplatz keine weiteren Fahrzeuge stehen, sind wir anscheinend die einzigen Gäste. Wir steigen aus und gehen ins Zelt zur Rezeption. Da das Zelt unten

offen ist wird zwar eine Luftzirkulation ermöglicht, aber es geht kein Lüftchen und es ist drin noch heisser als draussen. Gleich neben dem Zelteingang steht eine Bar mit allerhand Schnapsflaschen. Im hinteren Teil sitzen drei Personen faul in den Sofas.

Eine der Personen bewegt sich dann doch und begrüsst uns mit den Worten: «Hallo, suchen sie etwas?»
Nicht gerade gut gelaunt antworte ich: «Hallo! Wir haben hier einen Campingplatz gebucht.»
Sie schlurft langsam auf uns zu. «Ich schaue mal nach, wie ist der Name?» und holt hinter der Bar eine Art Gästebuch hervor. Nach kurzem Blättern findet sie den Eintrag. «Ja, hier steht, dass sie zwei Nächte bleiben wollen. Ist das OK?»
«Ja, das ist korrekt.», antworte ich und frage gleich mal nach «Haben sie eine Idee, wo wir hier auf die Pirsch gehen könnten?»
Sie antwortet: «Da ist es besser, wenn sie mit einem Guide unterwegs sind. Wir bieten Sundowner und Sunrise Safaris an. Möchte sie sich anmelden?»
Wir waren bis jetzt immer alleine unterwegs und möchten auch hier lieber alleine unterwegs sein. Auf meine nächste Frage: «Gibt es hier irgendwo ein Wasserloch oder ein Ort, wo sich Tiere aufhalten?»
Sie antwortet abwehrend: «Das ist sehr schwierig zu erklären und eine Karte haben wir leider nicht.»

«Gut, dann sagen sie mir, wo wir campen können. Wir überlegen uns dann, ob wir heute Abend vorbeikommen und auf eine Tour gehen.»

Wir bekommen den Platz eins zugeteilt und sie erklärt uns wie wir dahin finden: «Den Weg zurück, den ihr gekommen seid, dann nach links abbiegen, dann nach rechts.»

Sie erklärt weiter, aber in dieser Hitze bin ich beim besten Willen nicht so aufnahmefähig. Ich will einfach raus ins klimatisierte Auto. Wir haben auf dem Weg von der Strasse hierher nur eine Abzweigung gesehen und die muss es dann wohl sein.

Wir fahren den Weg zurück und stehen bald an der Gabelung. Also nach links und dann muss nach zwei Kilometern der Campingplatz kommen. Es ist sogar ein Wegweiser mit der Aufschrift «Privat Camel Camp».

Nach drei Kilometern stehen zwei kleine Scheisshäuser und sonst nichts. Man sieht aber, dass hier ab und zu Zelte gestanden haben. Dazu eine weitere Tafel «Camel Trophy 2015». Der Track ist hier zu Ende, so dass wir sicher sind, die falsche Abzweigung genommen zu haben.

Nun denn, das Ganze zurück bis zur Gabelung. Da angekommen nehmen wir den anderen Weg und wirklich, nach rund zwei Kilometern sehen wir die Tafel, die zu den Plätzen eins bis drei weist. Kurz darauf stehen wir da und schauen uns um. Wo sind die Duschen und Toiletten? Wo ist ein Wasseranschluss? Wo gibt es etwas Schatten?

Die Dusche ist ein Eimer mit Brause, so wie letztes Jahr in der Zentralkalahari. Neben der Dusche finden wir einen Wasserhahn, aber da kommt kein Wasser. Die Toilette, ein Plumpsklo, hat auch keinen Wasseranschluss und Schatten gibt es hier keinen. Die Büsche um uns herum sind niedrig und die wenigen kleinen Bäume kahl. Zudem sind wir die einzigen Gäste.

Dieser Campingplatz ist am Ende der Welt, ohne irgendwelchen minimalen Komfort und wohl wirklich nur für Camel Raucher erträglich. Wir überlegen nicht lange und setzen uns ein neues Ziel, die Okavango River Lodge in Maun. Bis dahin sind es zwar noch gut hundert Kilometer, aber auf der Transitroad in zwei bis maximal drei Stunden erreichbar. Unterwegs überlegen wir uns noch einen Abstecher zum Moremi Southgate zu machen und da die zwei Nächte zu verbringen, die wir im Mankwe Camp geplant hatten. Einfach hin zu fahren und zu hoffen, noch einen Platz zu bekommen gefällt Beni gar nicht und ich lasse mich überreden, das Satellitentelefon nochmals einzusetzen. Leider hat Beni recht, der Campingplatz ist komplett ausgebucht. Also muss wieder Luft in die Reifen und los geht's, nach Maun.

Am späteren Nachmittag sind wir in der Lodge und haben Glück. Wir können sogar in ein Chalet ziehen. Wir kennen die Sanitären Anlagen auf dem Campingplatz vom letzten Besuch und darauf haben wir keinen Bock. Der Campingplatz ist fast leer und wir beziehen einen Standplatz, obwohl wir nachher im Chalet schlafen werden. Die Speisekarte des Restaurants ist genau gleich wie vor einem Jahr und es finden sich keine richtig guten Essen darauf. In unserem Kühler liegen noch ein grosses Stück Fleisch und verschiedene andere Köstlichkeiten, die wir für die zwei Nächte in Mankwe geplant hatten und die wollen wir natürlich nicht verkommen lassen.

Wir beschäftigen uns in aller Ruhe mit den Vorbereitungen für das Nachtessen, trinken dazu unseren letzten Weisswein und schauen einem gerade erst angekommen Pärchen zu, wie sie, wohl zum ersten Mal, ihr Dachzelt aufbauen. Sie werfen die Plane, die das Ganze auf dem Dach zusammenhält, einfach runter auf den Boden und da bleibt sie dann auch liegen. So etwas sollte man auf keinen Fall tun, da sich in der Nacht darunter allerlei Getier verkriechen kann. Skorpione und Schlangen wären doch sehr ungebetene Gäste, die man aufscheucht, wenn man am Morgen die Plane wieder aufs Dach legen muss. Ich frage mich heute noch, ob man solche Tipps ungefragt weitergeben soll oder nicht. Wären wir mit ihnen irgendwie ins Gespräch gekommen, hätte ich es wohl gesagt. Diese zwei scheinen aber gar kein Interesse an irgendeiner Kommunikation zu haben. Sie sind nach uns angekommen und haben direkt neben uns ihr Fahrzeug abgestellt, ohne uns eines Blickes zu würdigen, geschweige denn, guten Tag zu sagen. Bestimmt sind sie unterwegs ins Delta, und aufgrund ihrer Routine beim Aufbau des Dachzeltes nehmen wir an, dass sie wohl das erste Mal auf diese Weise unterwegs sind. Möglicherweise hätten ein paar Tipps hilfreich sein können, so müssen sie halt alle Erfahrungen selber machen.

Nach dem Nachtessen planen wir die zwei zusätzlichen Tage in Maun. Morgen wollen wir in die Stadt und ein paar Sachen für unsere Enkelkinder einkaufen. In der Lodge werden verschiedene Bootsfahrten auf dem Okavango angeboten Sunrise-, Tages- und Sundowner-Touren. Wir haben Zeit und entschliessen uns, die Tagestour übermorgen zu buchen.

Nach der langen Fahrt hierher und der unruhigen Nacht davor, sind wir ziemlich müde und gehen sehr früh in unser Chalet. Es ist ziemlich gross, mit vier Betten, aber sehr spartanisch eingerichtet. An der Decke hängt der grosse Propeller und dazu gibt es einen Ventilator, den man neben das Bett stellen kann. Wir sind uns inzwischen an die Wärme gewohnt und vom letzten Besuch hier weiss ich auch, welches Insektenschutzmittel die Plagegeister in der Nacht fernhält. Wir starten das «Flugzeug» sofort bei der Ankunft und auch der portable Ventilator wird in Stellung gebracht. Es ist noch früh am Abend und die Hitze des Tages hängt noch schwer im Raum. Wir duschen, trocknen nur den Rücken ab und legen uns so ins Bett. Bis die Ventilatoren uns getrocknet haben dauert es ein Weilchen und während dieser Zeit geniessen wir die erfrischende Abkühlung. Danach schmieren wir uns mit «Anti Brum» ein und schlafen bald ein.

Die Ventilatoren sind bis gegen Morgen auf Hochtouren gelaufen. Wir waren so müde, dass uns der Lärm nicht gestört hat. Der starke Luftzug und das Insektenmittel haben die Mücken wohl daran gehindert, sich an uns blutsaugend zu laben. Wir haben beide gut geschlafen und sind relativ früh im Restaurant. An der Bar melden wir uns für die Tagestour für morgen auf dem Okavango an. Danach setzen wir uns an einen Tisch und bestellen Schinken mit Ei und Toast. Die Aussicht auf den Fluss und die vorbeifahrenden Boote lassen keine lange Weile aufkommen.
Ein junger Mann kommt an unseren Tisch und fragt in schönem Berndeutsch: «Höre ich richtig? Wird hier schweizerdeutsch gesprochen?»
«Ja, du hörst richtig, wir gehören zu deiner Nation», antworte ich.
Er lacht freundlich: «Ich bin Mirko. Darf ich mich an euren Tisch setzen?»
Natürlich sind wir einverstanden und wir erfahren, dass er sich mit seiner Bekannten soeben auch für die Okavango Tour von morgen eingetragen hat. Wie üblich erzählt man sich, was man so gemacht hat und was die nächsten Pläne sind.

Mirko ist alleine unterwegs und bewältigt die ganze Reise nur mit öffentlichen Verkehrsmitteln. So ist er diesmal per Flugzeug über Gabarone nach Maun gekommen. Die nächste Station wird Kasane sein, dann Simbabwe und weiter nach Sambia, Lusaka. Diesen Teil der Strecke wird er mit öffentlichen Bussen zurücklegen. Seine Bekannte und momentane Reisebegleiterin hat er per Zufall in Kapstadt getroffen. Er kannte sie von einer früheren Reise in Afrika und so haben sie sich entschlossen, ein Weilchen gemeinsam zu reisen. Sie ist Amerikanerin und seit mehr als zwei Jahren ständig unterwegs in Afrika.

Am nächsten Morgen treffen wir uns beim Frühstück im Restaurant. Das Boot steht bereit und unser Guide füllt die Vorräte für unseren Ausflug auf. Es sind noch zwei weitere Gäste dazugekommen, ein Ehepaar aus der Gegend um Meissen, der Mann heisst Günter und hat den unverkennbaren Akzent der neuen Bundesländer. Der Guide erklärt uns, wo wir hinfahren und was wir im Boot tun dürfen und was nicht. Günter scheint der Dolmetscher seiner Frau zu sein, er kommt mir vor, wie ein Simultanübersetzter von Englisch auf Deutsch. Wir sitzen hinter ihnen im Boot und können dadurch nicht mehr verstehen, was der Guide sagt. Als ich ihn darauf aufmerksam mache meint er trocken: «Meine Frau ist Russin und versteht kein Englisch und wenn ich alles abhöre was der Guide sagt, habe ich vergessen, was ich übersetzen muss.»
Irgendwie schaffen wir es dann doch, an alle Informationen zu kommen, die wir für den Start der Bootsfahrt brauchen. Eine Weile geht die Fahrt den breiten Arm des Boro hinauf bis zur Zahlstelle am Eingang des Parks. Unser Kapitän macht uns darauf aufmerksam, dass in der Kühlbox Getränke sind und wir davon trinken können, so viel wir wollen. Es ist inzwischen schon ziemlich heiss geworden, so dass wir vom Angebot Gebrauch machen. Unser Freund aus dem Osten ist sehr enttäuscht über den Inhalt der Box und meint: «Da hat es ja nicht mal Bier in der Kiste! Wenn der liebe Gott gewollt hätte, dass ich Wasser saufe, wäre ich als Kuh zur Welt gekommen.» Schade eigentlich, dass keines da ist, dann hätte er bestimmt den grössten Teil der Fahrt verschlafen und uns wären seine Simultanübersetzungen erspart geblieben.

Nach der Zahlstation geht es weiter ins Okavangodelta hinein und wir sehen die wunderschöne Gegend wieder mal aus einer anderen Optik. Viele Vogelarten sind hier heimisch und unser Guide weiss viel über ihre Lebensweise zu erzählen. So wird es uns nicht langweilig und als Höhepunkt können wir auch noch ein Bad im kristallklaren Fluss nehmen. Unser Guide fährt zunächst ein Runde mit dem Boot und hält nach möglichen Fressfeinden Ausschau, dann gibt er uns grünes Licht. Es ist nur etwa ein Meter tief und der Boden ist sandig. Man hat den Eindruck, in einem See zu steigen, aber im Wasser spüre ich die Strömung. Der Fluss ist nicht sehr stark, aber dagegen zu schwimmen ist doch ziemlich anstrengend. Der feinsandige Boden ist auch ein völlig neues Gefühl, wenn ich stehen bleibe, spüre ich, wie ich ganz langsam immer tiefer im feinen Sand einsinke. Nach kurzer Zeit stehe ich bis fast zu den Knien im Untergrund. Es ist kein Schlamm und ich komme ganz leicht wieder heraus. Die richtige Erfrischung ist nicht das Wasser beim Baden, sondern der Wind nach dem Einsteigen ins Boot. Die trockene Luft lässt das Wasser in den Kleidern und auf der Haut schnell trocknen und erzeugt so eine erfrischende Kühlung. Es dauert nicht lange, und die Kleider sind trocken und die Wärme lässt uns wieder schwitzen.

Auf dem Rückweg sehen wir dann noch ein paar Elefanten im Wasser stehen. Ein Krokodil, ein paar Flusspferde und eine grosse Echse treffen wir auf unserer Schifffahrt auch noch an.
In der Abenddämmerung fahren wir zurück

zur Lodge und geniessen dabei den traumhaften Sonnenuntergang.

Nach der üblichen warmen Nacht beginnt heute die Rückfahrt in den Süden. Die Strecke kennen wir von der Anreise und wissen, dass es ziemlich langweilig sein wird, bis wir im Rhino Sanctuary unseren ersten Zwischenstopp machen können.

Voll aufgetankt verlassen wir gegen acht die Okavango River Lodge und sind bald schon ausserhalb Maun auf der Strasse nach Serowe. Es erwarten uns 530 Kilometer Fahrt auf Asphalt. Unser Land Cruiser schafft im besten Fall im Schnitt hundert Kilometer die Stunde, so dass wir mit ein paar Pausen wohl gegen acht Stunden unterwegs sein werden. Kein Wunder also, dass wir loslegen und alles aus dem Fahrzeug herausholen, sobald wir die Stadt hinter uns gelassen haben. Kurz vor Orapa, Beni am Steuer, sehen wir eine 80-iger Tafel. Beni geht pflichtbewusst vom Gas und fährt schön die vorgeschriebene Geschwindigkeit. Da sehen wir auch schon die Polizisten am linken Strassenrand. Es sind drei und einer von ihnen hat uns mit der Kamera im Visier. Da rennt auch schon einer von ihnen auf die Strasse und gibt uns das Zeichen zum Anhalten. Wir sind uns keiner Übertretung bewusst und denken, die wollen sicher nur den Führerschein sehen.
Der Polizist in schmucker Uniform grüsst freundlich und kommt dann gleich zur Sache: «Ich muss ihnen leider eine Busse erteilen. Sie sind zu schnell gefahren.»

Beni hat zwar genau verstanden, was er gesagt hat, aber sie zieht es vor, wenn ich darauf antworte.

Ich schaue den Mann erstaunt an und frage: «Wo sollen wir denn zu schnell gefahren sein? Da hinten steht die 80-iger Tafel und genauso schnell ist meine Frau gefahren.»

Er lacht und meint: «Das ist eine 60-iger Beschränkung, nicht 80 und somit seid ihr 20 Kilometer zu schnell gefahren.»

Ich versuche, mich zu wehren: «Das kann doch nicht sein, das hätten wir gesehen.»

Seine Antwort: «Wenn ihr wollt, könnt ihr zurück gehen und die Tafel anschauen.»

Beni ist so sauer, dass sie unbedingt zurück gehen will, um die Sache zu prüfen. Ich überlege mir, was wir gewinnen würden, selbst wenn wir Recht hätten. Sie wollen Geld verdienen und würden wahrscheinlich irgendeinen anderen Grund finden, um uns etwas abzuknöpfen. Ein paar Stunden Aufenthalt zur Prüfung aller Unterlagen oder ein Blick in die Kühlbox würden uns schon weichkochen.

Ich sage deshalb: «OK, darauf können wir verzichten. Was kostet die Übertretung?» Er grinst mich zufrieden an und sagt: «400 Pula»

Nun stehe ich zwischen zwei Fronten. Beni will zurück und die Tafel anschauen und der Polizist will Geld.

Keine Frage, wer gewinnen wird, die Polizei hat alle Zeit der Welt und wir wollen weiter. Also lenke ich ein: «Wieviel kostet es, wenn ich keine Quittung will?»

«Ok, dann 300 Pula.», ist die Antwort.

Ich gebe ihm das Geld, er wünscht uns gute Fahrt und ich schaue zu Beni hinüber und sehe, dass sie die Kamera oben hat und die Polizisten fotografiert. Leider habe nicht nur ich das gesehen, sondern auch die drei «Wegelagerer». Einer ruft «Halt, stehen bleiben!» und rennt auf uns zu.

«Was ist denn noch?» frage ich, obwohl ich genau weiss, was kommen wird.

Er lacht nun nicht mehr freundlich. «Es ist verboten, Beamte zu fotografieren und ich muss den Film aus der Kamera haben.», belehrt er mich.

«Das ist eine Digitalkamera und die hat keinen Film. Genügt es, wenn ich die Bilder lösche?»

«Ja, aber ich will es sehen.»

Beni gibt mir den Fotoapparat, ich zeige dem Polizisten die Bilder und er prüft, dass ich sie auch lösche.

Endlich können wir gehen, aber nun hängt der Haussegen schief. Beni ist der Meinung, dass wir zurück zur Tafel hätten gehen müssen und die Bilder in der Kamera hätte sie auf keinen Fall gelöscht.

Es sind immer noch rund 250 Kilometer und wir haben Zeit, den Ärger etwas verrauchen zu lassen. Mit zur Abkühlung trägt auch die Aussentemperatur bei die ständig sinkt. In Maun waren es bei der Abfahrt über 35 Grad und nun sind wir bei 20 und es scheint, dass es noch kälter wird. Nach einiger Zeit schalten wir die Klimaanlage aus und drehen die Heizung an. So tiefe Temperaturen sind wir uns nicht mehr gewohnt und wir denken mit Schaudern daran, dass wir heute Nacht im Zelt schlafen werden. Gegen 17 Uhr sind wir am Ziel der Etappe. Es ist inzwischen noch 14 Grad und das Personal an der Rezeption ist in dicke Pullover eingepackt. Wir, in kurzen Hosen und Tee Shirt, erscheinen, wie aus einer anderen Welt und frieren wie Schlosshunde. Die Sonne ist schon lange hinter der Wolkendecke verschwunden und eine steife Brise fegt durch die Büsche.

Wir sind uns inzwischen ans Campieren gewöhnt, aber bei diesen Temperaturen und dem Wind draussen zu kochen und dann den Abend im Zelt zu verbringen, ist nicht gerade das, was wir uns gewünscht haben. Für die zweite Nacht haben wir ein Chalet gebucht, weil wir das Fahrzeug aufräumen und unser Gepäck vorbereiten wollen. Nun wären wir froh, wenn wir beide Nächte in einem Chalet wohnen könnten. Leider hat sich für heute eine Gruppe angemeldet, so dass kein Wechsel möglich ist. Eine kleine Hoffnung besteht aber noch. Es sind zwei Chalets für vier Personen reserviert. Eines der Chalets hat zwei Zimmer und falls die angemeldeten Personen einwilligen, könnten sie zusammen im grossen Haus wohnen.

Wir fahren zu unserem Campingplatz, bleiben im Fahrzeug, spielen Karten und harren der Dinge. Nach fast einer Stunde kommt ein Fahrzeug von der Rezeption vorbei und bringt die frohe Kunde, dass wir ins Chalet umziehen können. Auch da ist es kalt, aber die Fenster lassen sich schliessen, so dass nicht allzu viel Durchzug herrscht. Der Kocher gibt zusätzlich etwas Wärme ab und der restliche Wein hilft, den Körper wieder auf Betriebstemperatur zu bringen. Danach kriechen wir unter die warme Bettdecke.

In der Morgendämmerung werden wir durch das laute Gezwitscher der Vögel geweckt und sind deshalb schon früh auf den Beinen. Es ist 12 Grad, drinnen wie draussen und das ist für uns ein Gefühl, wie nahe dem Gefrierpunkt. Nach einem kurzen Frühstück in Pullover und Jacken sind wir bald schon auf der Pirsch im geheizten Toyota. Ich glaube, den Tieren geht es wie uns, es ist einfach zu garstig, sich im freien Feld aufzuhalten. Der kalte Wind bläst immer noch und weit und breit sind keine Nashörner zusehen. Nach ein paar erfolglosen Stunden beschliessen wir nach Serowe zu fahren und aufzutanken, so dass wir morgen gleich Richtung Südafrika losfahren können. In Maun waren 130 Liter im Tank und nun, nach rund 540 Kilometern, zeigt die Nadel gegen null. Wir haben also pro 100 Kilometer fast 24 Liter gebraucht. Es scheint, dass bei Geschwindigkeiten über neunzig der Landi zum Säufer wird. Wir nehmen uns deshalb und auch wegen den Polizisten auf Beutefang vor, den Rest des Weges nicht über 90 zu fahren, obwohl oft 120 erlaubt sind.

Zurück im Park gehen wir wieder auf Pirsch, auch wenn keine Tiere zu finden wären ist es angenehmer, im geheizten Auto zu sitzen und zu spielen als im kalten Chalet. Nach einiger Zeit am Wasserloch tut sich dann plötzlich doch etwas. Ein Rhino Pärchen mit einem Jungen tauchen auf und kurz darauf noch mal zwei. Auch eine Herde Zebras kommt zum Wasserloch und so vergeht die Zeit dann doch ziemlich schnell. Die Sonne schaut ab und zu durch die Wolken und heizt unser Fahrzeug etwas auf, so dass wir nicht mit laufendem Motor heizen müssen.

19. Ende der Traumreise

Die Vögel haben uns wieder rechtzeitig geweckt und wie geplant geht es früh los. Die Fahrt nach Martins Drift, die Grenze zu Südafrika, ist nicht sehr spektakulär und der Grenzübertritt wird wohl wie immer bürokratisch und langweilig sein. In Botswana ist heute der Nationalfeiertag zur Gründung der Republik vor 51 Jahren. Wir sind gegen Mittag an der Grenze und auf der botswanischen Seite ist alles normal, die Abfertigung geht schnell und wir stehen kurz darauf im Niemandsland zwischen den beiden Ländern. In langen Kolonnen stauen sich Lastwagen und Personenwagen bunt gemischt auf drei Spuren. Das Zollgebäude ist noch nicht in Sichtweite. Niemand sitzt in den Autos und so nehmen wir an, dass alle zu Fuss auf dem Weg sind, um die Formalitäten zu erledigen. OK, dann machen wir das auch so. Wir steigen aus, nehmen alle Dokumente mit und machen uns auf zum Zollgebäude. Von weitem sehen wir die lange Schlange Wartender vor dem Eingang zur Zollstation. Ordentlich wie wir sind, stellen wir uns hinten an und warten, bis wir Schritt um Schritt vorwärtskommen. Irgendwie scheint etwas nicht zu stimmen. Vor uns, kurz vor dem Eingang, verlässt eine Person die Kolonne und dafür gehen drei, vier andere in die Schlange. Die Person die raus geht, spaziert der Schlange entlang zurück und spricht mit den Anstehenden. Gegen Ende der Schlange gehen ein paar Leute aus der Kolonne und setzen sich auf eine Bank in der Nähe des Zollhauses während die «professionelle Ansteher» deren Plätze einnimmt. Nun wird uns klar, was da los ist. Für ein paar Rand kann man sich einen «Ansteher» mieten und dann im Schatten auf einer Bank warten, bis er kurz vor der Tür angekommen ist. Das Dumme ist nur, dass einer für mehrere ansteht und man so das Gefühl hat, nur noch ein paar wenige vor sich zu haben. Direkt vor dem Eingang findet dann eine wundersame Vermehrung der Wartenden statt und der letzte Meter zur Tür wird der Längste.

Nach anderthalb Stunden haben wir es dann auch geschafft. Es ist eine Wohltat, endlich im Schatten zu sein. Der Kälteeinbruch ist vorbei und die Temperaturen bewegen sich bei Sonnenschein wieder über 30

Grad. Wir stehen am Schalter und geben unsere Pässe und Fahrzeugdokumente dem Beamten hinter der Glasscheibe. Er schaut sich alles genau an und fragt dann nach einem Papier, das wir bei der Einfahrt bekommen haben sollen. Weil wir zu Fuss durch die Schranke gekommen sind, hat man uns kein entsprechendes Papier gegeben und ohne das haben wir ein Problem. Der liebe Mann lässt sich glücklicherweise erweichen und gibt uns trotzdem den Stempel für die Fahrzeugausfuhr in den Pass, sonst hätten wir das ganze Prozedere mit Anstehen nochmals von vorne beginnen müssen.

Wir gehen zurück zu unserem Land Cruiser und fahren dann an der Kolonne der Fahrzeuge vorbei Richtung Südafrika. Nun kommen wir zur ersten Schranke, wo wir das zuvor fehlende Papier, ein Zettel mit unserer Autonummer drauf, bekommen. Am Zollgebäude vorbei geht es zur zweiten Schranke, an welcher ein Uniformierter den Zettel mit der Autonummer entgegennimmt, auf dem nun der Stempel der Zollbehörde sein müsste. Da auf unserem Zettel der Stempel fehlt, beginnt eine längere Diskussion. Er verlangt, dass wir zurück gehen und am Schalter den Zettel beglaubigen lassen. Wir hingegen sind der Meinung, dass der Stempel im Pass genügen sollte und wir weiterfahren wollen. Inzwischen haben sich hinter uns einige Fahrzeuge aufgestaut und wir blockieren die Durchfahrt. Da die Strasse zu schmal ist, können wir auch nicht wenden und zurückfahren. Endlich holt er seinen Vorgesetzten, der eine Entscheidung treffen soll. Wir haben Glück, er lässt uns auch ohne den Stempel auf dem Zettel passieren.

Der Rest des Weges nach Thabazimbi zum Marula Cottage ist dann sehr locker und gegen 15 Uhr sind wir am Ziel. Herzlich begrüsst von Monika, Dave und den drei Hunden, sitzen wir kurz darauf auf der Terrasse und geniessen einen Willkommensdrink. Danach ist Aufräumen des Fahrzeugs und Packen angesagt. Unsere Reise wird morgen, mit der Rückgabe des Fahrzeugs und dem Flug zurück, leider schon wieder vorbei sein. Die vielen Sachen wie Leiter, Gurte, Kanister mit Diesel und alles, was wir so gebraucht haben und nicht nach Hause nehmen wollen, schenken wir unseren Gastgebern, die dafür Verwendung haben oder sie an andere Durchreisende weitergeben können.

Beim Start unserer Reise gab es hier ein traumhaftes Kudufilet und ich hatte mir damals gewünscht, beim nächsten Besuch nochmals so ein leckeres Stück zu bekommen. Monika hat daran gedacht und so stehen heute wieder ein Kudufilet und feine Bratkartoffeln mit frischen Zwiebeln auf dem Tisch. Nach dem gemütlichen Nachtessen plaudern wir noch bei einem Glas guten Wein bis spät in der Nacht.

Wir haben gut geschlafen und unser Flug geht erst heute Abend, so dass wir ein ausgiebiges Frühstück geniessen können.

Wir rechnen mit drei Stunden Fahrzeit nach Johannesburg zu Buschlore und fahren deshalb gegen zehn Uhr los. Unser Landi ist bekanntlich kein Rennpferd, sondern eher ein Ackergaul, der zu viel frisst, wenn er schnell sein muss.

Alles passt bestens, bei Bushlore sind wir speditiv durch, auch wenn ich einige Reklamationen zu nicht gebuchten Campingplätzen anbringen muss. Wie sich später herausstellt, haben meine Reklamationen etwas bewirkt. Auf jeden Fall haben wir eine Rückvergütung erhalten.

Danach werden wir zum Flughafen gebracht und mit den besten Wünschen verabschiedet. Der Flug nach Hause ist dann wieder eine Supersache und wir geniessen den Komfort auf unserer möglicherweise letzten grossen Reise im Flugzeug.

Herstellung und Verlag:
BoD – Books on Demand, Norderstedt
ISBN: 978-3-7504-1309-2

142